再也不怕跟陌生人打交道

跟谁都能聊得来

马彦威◎著

U0822955

国家一级出版社 中国纺织出版社 全国百佳图书出版单位

内 容 提 要

现代社会，社交能力已经成为人们一项重要的生存能力，而良好的语言表达和沟通能力，则能够帮助人们拓宽人脉，建立良好的人际关系，因而擅长和陌生人进行交往也就成为人们必不可少的社交技能。

本书以心理学知识为基础，从心理学的角度出发，帮助人们拓宽思路，能为人们提升社交中的语言表达能力奠定良好的基础。通读此书后，你会发现自己的聊天能力得到大幅提升，并且能够做到与陌生人轻松自如地聊天，从而为自己的人生开启崭新的篇章。

图书在版编目（CIP）数据

再也不怕跟陌生人打交道：跟谁都能聊得来／马彦威编著--北京：中国纺织出版社，2018.1（2018.9重印）
ISBN 978-7-5180-4625-6

Ⅰ.①再… Ⅱ.①马… Ⅲ.①人际关系—语言艺术—通俗读物 Ⅳ.①C912.13-49

中国版本图书馆CIP数据核字（2018）第014059号

责任编辑：闫 星　　特约编辑：李 杨　　责任印制：储志伟

中国纺织出版社出版发行
地址：北京市朝阳区百子湾东里A407号楼　邮政编码：100124
销售电话：010-67004422　传真：010-87155801
http：//www.c-textilep.com
E-mail：faxing@c-textilep.com
中国纺织出版社天猫旗舰店
官方微博http://weibo.com/2119887771
北京通天印刷有限责任公司印刷　各地新华书店经销
2018年1月第1版　2018年9月第3次印刷
开本：710×1000　1/16　印张：14.5
字数：212千字　定价：36.80元

凡购本书，如有缺页、倒页、脱页，由本社图书营销中心调换

前　言

无论是在寻常日子里还是在充满火药味的场合中，抑或是在特定场合中，诸如工作场合、学习场合，每个人都必须与他人进行交流，才能与他人进行互动，或者是合作。有些人性格内向，木讷寡言，在无形中会给自己的工作和生活带来很多的困难和障碍。要想让自己处处受人欢迎，要想帮助自己拓展人脉关系、丰富人脉资源，我们就必须学会与他人套近乎，哪怕是面对陌生人也能够顺畅地聊天，这样才能真正把事情做得恰到好处、惹人羡慕。

大多数时候，生活中充满了琐碎的小事情，我们必须学会协调生活中的琐事，才能愉快地生活。很多看似难以解决的问题，实际上只要聊得好，问题就能迎刃而解。倘若我们一张口就使他人觉得憋屈，或者对我们一点儿都不服气，那么我们就算能力超群，也很难得到大多数人的认可，更不可能受到每个人的欢迎。从这个意义上而言，只有拥有超强的聊天技能，能够时时刻刻受人欢迎，才能拥有完美的人生。

当然，所谓的聊天和正式的交谈是不同的。我们要学会聊天，就要懂得区分聊天与交谈、谈判等词语的区别。从人际交往的角度来看，我们会聊天，就具备比他人更超强的社交能力。会聊天的人在任何场合、面对任何陌生人都能侃侃而谈，这无疑是与人交往下去的前提。当然，我们无法做到如同诸葛亮一样风度翩翩、舌战群儒，我们唯一能做的就是尽量提升自己的聊天能力，让自己有出色的表现，从而得到他人的认可。

需要注意的是，聊天能力并非是天生的，因而对于大多数朋友而言，哪怕聊天的能力不是那么强，也无须觉得沮丧或者绝望。只要我们对自己有信心，坚持锻炼和提升自己聊天的能力，那么终有一日，我们就能够轻松自如地与陌生人聊天，使自己成为真正的社交达人。

“明日复明日……万事成蹉跎”，拥有好口才以及与人聊天的能力，是我们每时每刻都需要的。因此，我们有必要从现在就开始努力练习好口才，只要我们争分夺秒地抓住各种机会进行练习，我们的生活、学习和工作，都将会随着我们拥有的好口才而发生巨大的改变。

编著者

2017年6月

目　录

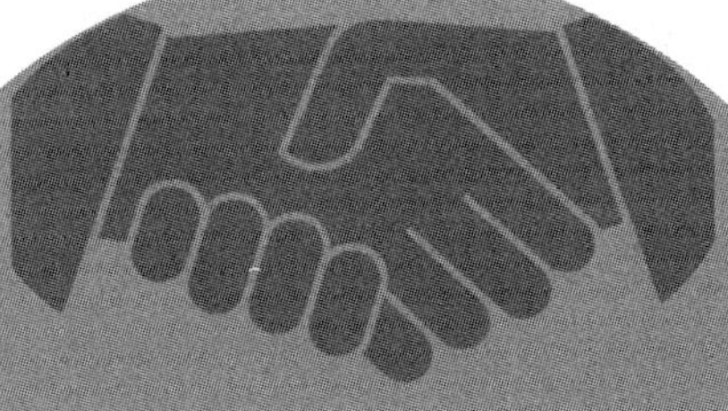

第 01 章

擅长跟陌生人打交道，是一种很棒的交际本领

现代社会，每个人都免不了要和陌生人打交道。生活中，我们几乎每天都需要面对陌生人；工作中，我们也常常需要面对陌生的客户。现实是有很多人都不愿意面对陌生人，更不想经常和陌生人打交道。实际上，擅长与陌生人打交道是一种很棒的交际本领。一旦掌握了这种本领，我们在面对陌生人时就能够非常坦诚从容，从而与陌生人建立起良好的人际关系，让自己处处受到陌生人的欢迎。

把陌生人变成朋友

我们除了与父母和亲人之间是天定的缘分之外，生活中的绝大多数人对于我们而言都是陌生人。哪怕是最终与自己关系亲密的爱人，不管是长大之后的一见钟情，还是从小一起长大的两小无猜，都是从陌生人建立起关系的。

面对原本从不相识的人，我们很难一下子与对方变得熟稔起来。实际上，要想与陌生人建立和发展友情，我们与陌生人之间必须要有一方先抛出橄榄枝。当然，如果我们迫切想要与对方交流，那么我们就应该变得更加积极主动，把我们的手伸向陌生人，与他们真诚地相握，从而得到陌生人的倾心相待。命运就是如此神奇，没有人知道自己最终会与谁成为亲密无间的爱人，也没有人知道自己最终会与谁成为莫逆之交甚至是知心好友。在各种不同的场合，我们要想拓展人际关系，赢得他人对自己的好感，就要积极主动地与陌生人交谈，最终才能获得更多的朋友。当然，在此过程中我们的人际关系也会不断拓展，我们的社交圈子也会逐渐壮大，我们甚至还会成为处处受欢迎的社交达人。

亨利拥有很多朋友。走在大街上，他总是能遇到朋友向他打招呼。不明

就里的人以为亨利一定是个人人敬仰的人，实际上亨利只是比较擅长和陌生人打交道而已。他认识的人里，有很多人都是他散步时认识的，还有一些人是他在商场或者超市购物时认识的。大家都觉得很奇怪，不知道亨利为何能够拥有这么多朋友，也不知道亨利是如何把陌生人变成朋友的。

对此，亨利解释道："其实面对陌生人时我也会很紧张很害怕，但是我一想到我的朋友们都是从陌生人开始的，我就不再害怕了。我想在我没有开口和他们说话之前他们也许是陌生人，但是只要我主动和他们搭讪或者寒暄，我就很有可能会多一个朋友，甚至能找到了遍寻不见的知己。"朋友问："难道你不害怕被他人拒绝吗？"亨利摇摇头，说："我当然会害怕被他人拒绝，我也经常在与人搭讪时被陌生人误以为有不良的动机。但是，我觉得很多人之所以看起来冷漠，就是因为他们的内心缺乏真诚和热情。我见到过很多人都对人冷冰冰的，他们似乎绝不愿意和任何人搭讪或者亲近。但是当我们面带真诚的笑容，怀着热切的渴望走近他们时，我能感受到他们的内心和我一样迫不及待，和我一样想要得到更多的朋友。因此只要我们不故步自封，也不刻意逃避，那么我们就能拥有更多的朋友，并且渐渐地在和陌生人交往时也绝不会感到畏惧。"

常言道，"害人之心不可有，防人之心不可无"。的确，在面对陌生人时，每个人都难以避免会心生戒备，因为他们不知道自己将会得到陌生人怎样的对待，也不知道自己是否能够和陌生人成功搭讪，甚至成为朋友。但是不可否认的是陌生人也会和我们一样紧张，也和我们一样蠢蠢欲动、跃跃欲试。我们唯有真诚地对待陌生人，才能打消陌生人心理的紧张和不安，也才能得到陌生人的友善相待。

记住，朋友都是从陌生人开始的。不管什么时候，我们都要真诚地对待陌生人，才能让陌生人感受到我们的热情，也才能真正与陌生人成为朋友。

其实我们害怕的并不是陌生人，而是害怕无法预测与陌生人交往的结果。当我们对陌生人主动伸出友善的双手，相信我们的一生都将拥有他们的友情作为陪伴。

消除障碍，主动交往很容易

很多朋友都觉得世界上没有真情，人与人之间也过于冷漠，因而才会导致人们不愿意与人交往，更不愿意主动为了他人付出真情。现代社会人们的生活越来越忙碌，人们身边环绕着各种各样的人群，但是每个人的孤独感和寂寞感却与日俱增。实际上，人们之所以会缺乏朋友，是因为其自身无法在交往中采取积极主动的姿态。毋庸置疑，当我们故步自封，我们的人生也会被我们囿于一念之间。还有很多人抱怨自己的朋友越来越少，甚至说自己不管如何努力，都无法成功地获得他人的眷顾。实际上，人们之所以会缺少朋友，就是因为他们在交往的时候总是很被动，总是期望获得别人的友谊，而从来不会主动去与他人建立关系。由此可见，让我们变得孤独和寂寞的不是友情的匮乏，而是我们心中存在与人交往的障碍。当我们主动打破与人交往的藩篱，主动向陌生人伸出友谊的橄榄枝，那么我们会瞬间发现一切交往都能变得很容易。

很多人都羡慕他人朋友多，殊不知他人之所以朋友多，就是因为他们能够突破自己内心观念的禁锢，主动结交他人。实际上，主动和陌生人搭讪并不难，只要我们能够伸出手、张开口，与陌生人的交往就能变得水到渠成。现实生活中，很多人都不愿意主动结交陌生人，他们已经习惯被动地等待，

习惯于等到他人与自己搭讪之后再含蓄地回答。试想，“假如人人都等着别人来与自己交往，那么这个世界上人与人之间除了原本就存在的亲人关系之外，还会有其他关系产生吗？”幸好有些人总是主动交往的擅长者，他们总是积极地与他人打招呼，也总是想方设法去与他人拉近关系。这样一来，人与人之间才会有交往，人世间也才从冷冰冰的状态变得温暖如春。而这些主动与人交往的人也会成为我们羡慕的对象，因为他们不但人缘好、朋友多，而且他们的交际也很广泛。

毫无疑问，对于大多数普通人而言，主动与陌生人交往绝非是一件简单的事情。其实，心理学家经过长期研究发现，人们心中的交往障碍有两点：第一点，每个人都会担心自己一旦主动接触陌生人，如果陌生人不能积极主动地回应自己，那么他们就会陷入尴尬的境地，甚至会伤害自己的自尊心，实际上，这种担心完全是杞人忧天，因为现实生活中人们面对他人的主动搭讪，往往不会故意不理不睬，尤其是当搭讪者表现出极大的友善和热情时，被搭讪的陌生人更会给予积极的配合；第二点，人们之所以不愿意主动与陌生人交往，也是因为担心会打扰陌生人。很多人在与陌生人搭讪之前最大的心理障碍就是害怕陌生人会觉得厌烦，甚至害怕陌生人会对自己的行为造成误解，觉得自己是另有企图，或者是居心叵测。这样沉重的心理负担，使得我们在接触陌生人时完全失去了积极性，也使得我们很少有机会与陌生人变成朋友。

常言道，“伸手不打笑脸人”。实际上，如果我们能够在与陌生人搭讪时足够真诚和热情，那么我们的人生也就会多了很多机会。我们要相信，也许陌生人也特别想与我们交往，只是因为和我们有着同样的顾虑，所以才不敢主动和我们搭讪呢？！在这种情况下，只要我们积极主动，抱着真诚和热情的态度与陌生人交往，那么我们最终一定能成功打动陌生人的心，使我们与陌生人的交往轻松自如。

总而言之，当我们在陌生人面前不敢与其交往时，并非是因为陌生人真的会拒绝或者排斥我们，而是因为我们过不了自己内心深处的那道坎儿，所以才会导致我们止步不前。只要我们能够勇敢地迈出与陌生人交往的第一步，很多难题就会迎刃而解，我们也会因此建立起属于自己的人际关系网，从而拥有更加丰富的人脉资源。

强迫自己与陌生人进行交流

很多人一和陌生人交谈就会感到十分紧张，如临大敌。他们额头冒汗，手心湿乎乎的，甚至连说话的声音都在不停地颤抖。这到底是为什么呢？甚至有的人平日里妙语连珠，而且说起话来头头是道，但是只要和陌生人交谈，他们就会瞬间变得结结巴巴，根本不知道自己平日里说话时口若悬河的状态消失到哪里去了。如果可以选择，绝对没有人愿意主动和陌生人进行交流，更不愿意和陌生人打交道。遗憾的是现代社会人与人之间的分工越来越细化，合作越来越密切，无论是在生活中，还是在工作中，我们都要主动和陌生人交流，才能提高自己的生存质量，才能克服自己发自内心的羞怯，从而有效锻炼自己的口才，提升自我和陌生人打交道的能力。

其实和陌生人交流，我们不但能拥有更多的朋友，而且还能拓宽自己的社交圈子，也能让自己拥有更加丰富的人脉资源。毫无疑问，这对于我们的生活和工作都是有很多好处的。即便仅从自身的角度而言，和陌生人交流也是有很多好处的。首先，当我们成功与陌生人搭讪，并且与陌生人展开

交流，我们会感到非常有自信。人与人之间的交流主要目的就是传递信息，我们不但能把自己知道的信息传递给陌生人，也会从陌生人口中得到很多有用的信息。这样一来，我们就会变得很自信，而且见多识广。其次，和陌生人交谈还能表现出我们的独立性，帮助我们培养健康的人格。众所周知，每个人在与熟悉的人交流时很容易受到对方的身份、地位以及权势的影响，从而无法完全表达自己内心的真实想法。但是在和陌生人打交道时，我们往往会更加放松，因为我们与陌生人之间没有利益关系，也就不存在说话的时候必须谨小慎微。只要本着真诚和尊重的原则，我们就能够真正赢得对方的信赖，得到对方的平等相待。最后，人并非天生都具备高超的交流能力，每个人从呱呱坠地开始，只要不是有先天残疾，语言表达能力都相差无几。但是如果一个孩子从小就没有与人交流的机会，那么他长大之后很有可能成为哑人。由此可见，与人进行语言交流，是我们发展语言能力、锻炼口才的重要途径和良好方法。既然现代社会人们彼此之间相处离不开沟通，那么我们就要抓住一切机会与他人交流，从而提升自己的沟通能力。在职场上，有很多人刚开始从事销售工作时根本无法做到与客户正常交流，于是他们走到大街上强迫自己与陌生人搭讪。刚开始时也许会很难，但是随着搭讪的次数越来越多，他们真正能做到坦然面对陌生人，从而成功帮助自己提升人际沟通能力和语言表达能力。

当然，逼迫自己和陌生人交流是有技巧的，不能一味蛮干。首先，我们要不断鼓励自己，对自己进行一定的激励。很多人觉得只要强迫自己和陌生人交流就好，实际上适当的激励必不可少。其次，还要学会进行自我安慰。很多人之所以不敢和陌生人交往，主要是怕陌生人不把自己放在眼里，或者对自己的观点不以为然。因而我们要告诉自己，“我们非常优秀，丝毫不比别人差”。最后，就是要经常进行练习，有机会就要抓住机会进行练习，没

有机会就要创造机会进行练习。假如我们一遇到陌生人就逃避，不主动和陌生人交流，那么我们只会更加不敢和陌生人进行交流。我们唯有强迫自己多与陌生人交流，才能最终掌握和陌生人交流的技巧，突破自我让自己变得更加大胆，从而能够在陌生人面前侃侃而谈。

主动帮助陌生人

现实生活中，我们每天都要面对很多陌生人。毫无疑问，每个人都会主动关心自己的亲人、朋友，也很愿意与自己身边的人交流，但是人们却很惧怕与陌生人交流，更不愿意主动帮助陌生人。一则是因为现代社会生活压力大，每个人都疲于为了自己的生活奔波；二则是因为现代社会人情冷漠，人们都坚持“多一事不如少一事”的原则。实际上，主动帮助陌生人并非是多事，有的时候我们无意间帮助了陌生人，有可能就为自己结识了贵人，说不定我们还会在该贵人的提拔下飞黄腾达呢！

从另一个角度而言，对于熟悉的人，他们自然非常了解我们，也知道我们的脾气秉性，因而哪怕我们有什么地方做得不到位，他们也能对我们十分宽容和理解。但是陌生人则与我们从未有过接触，更不知道我们是怎样的人，换言之他们对我们的印象还在建立之中，所以我们必须学会主动帮助陌生人，才能以温暖和真诚打开陌生人的心扉，也才能给陌生人留下好印象，得到陌生人的好感。

大学毕业后，小雅因为席卷全球的金融危机，一时之间并没有找到合适的工作。为此，小雅来到一个百货大楼里当售货员。她的很多同事都觉得小

雅作为大学毕业生，从事销售员的工作很可惜，小雅对此却不以为然。她对大家说：“行行出状元，我凭着双手养活自己，我很有尊严。反倒是那些毕业后对工作挑三拣四，依然让父母养着的人，我觉得更应该反思自己。”小雅的话使大家都很钦佩她。而小雅的到来也为该百货大楼注入了新鲜血液，带来了全新的风气。

有一天，正是周末，天上突然下起了大雨，使得原本该人流不息的百货大楼变得门可罗雀，异常冷清。因无事可做，小雅和几个同事开始聊天。这时，突然有个白发苍苍的老太太浑身湿漉漉地走进来。大家自然知道这位老太太是来避雨的，因而全都对她不理不睬。只有小雅赶紧拿出自己的凳子给老太太坐下休息，还去销售家电的柜台为老太太借来了吹风机，并且亲自帮助老太太把她湿漉漉的头发吹干。小雅还拿出自己日常用的毛巾给老太太，说：“阿姨，衣服湿了吹空调容易着凉，我把您这边的空调关了，您赶紧用毛巾把衣服上的水吸一吸。”老太太对小雅非常感激，小雅却笑了笑不再言语。

雨过天晴之后，老太太再次感谢了小雅就走了。然而，次日该百货大楼的经理突然找到小雅并说要破格提拔小雅当售后主管。对此小雅有些丈二和尚摸不着头脑，直到看到昨天的老太太走入该经理的办公室，她才知道那个老太太是经理的妈妈。从此之后，小雅在百货大楼里身居要职，深得经理的器重，而且还与该老太太成为了莫逆之交。后来经理因病提前退休后更是鼎力推荐小雅成为了他的接班人。

如果小雅也和其他同事一样对老太太视若无睹，那么她就不会结识自己生命中的贵人——老太太，更无法在全球金融危机后人人都很难找到合适工作的情况下，在职场上平步青云。可以说，正是因为小雅对于陌生人的好意和热情，才使得她成功打动老太太的心，也成功赢得了该百货大楼经理的认可和赏识。

在现实生活和工作中，我们几乎每天都会遇到陌生人。我们与其对陌生人爱搭不理，不如主动地帮助陌生人，从而也能为自己打开人生的新局面。当然，这并非要求我们抱着功利心去对待陌生人，而是让我们要更好地为陌生人着想，从而也能更好地为我们自己赢得未来。所谓“赠人玫瑰，手有余香”，哪怕我们在帮助陌生人之后无法得到回报，我们至少也得到了内心的满足和安宁。

尊重陌生人的隐私

每个人都有心底里不愿意说出口的话，不想触碰的伤，陌生人也是如此。在和陌生人打交道时，我们除了要坚持尊重和平等地对待他们，还要注意语言的禁忌。当然，在短时间内我们是没有办法了解陌生人内心的苦衷的，因而我们只能避开隐私，尽量和陌生人谈些大众化的话题，这才是最稳妥的办法。

很多人和陌生人交往时不注意分寸，刚刚认识陌生人，就开始和陌生人说些私密的话题。这样对于我们与陌生人之间的交往是极其不利的，而且会使人际关系恶化，最终导致我们与陌生人交流到一半就不欢而散了。也许有些朋友觉得自己根本无从探问陌生人的喜好，其实对于初次见面的人有很多无关紧要的话题可以谈。诸如可以谈论天气，谈论国外和国内的各种大事，谈论彼此感兴趣的某件小事情，抑或是谈论明星八卦等，在这些内容中，谈论任何内容都比谈论彼此的隐私更好，也更安全。

周末，妈妈带着乐乐去小区的公园里玩耍。因为是周末，小区的公园里人很多，有很多妈妈都带着自己的孩子在公园里玩耍。乐乐和豆豆玩得很开心，为此乐乐妈妈和豆豆妈妈就站在一起开始聊天。说了没几句，豆豆妈妈就问乐乐妈妈：“你是上班还是全职在家带孩子？”乐乐妈妈觉得这个问题很普通，就毫无戒备地回答：“我全职工作，平日里婆婆帮我带孩子，我只有在周末不加班的情况下，才自己带孩子。”豆豆妈妈当即又问：“你上班一个月挣多少钱？”这个问题瞬间让乐乐妈妈感觉很尴尬，毕竟工资属于个人隐私，就连平日里一起工作的同事都不知道彼此的工资收入，自己难道真的要把这么私密的事情告诉对方吗？思来想去，她想出了一个好答案，说：“其实没多少，我就是在家待不惯，既然家里有老人帮忙，我就想着出去挣点儿零花钱。”豆豆妈妈听后说：“我呀，上班才挣两千多块钱，根本不够孩子的奶粉钱，我自从有了孩子就在家带孩子。我建议你如果挣得不多，也不如在家带孩子，这样公婆不在家里帮忙，也能省不少生活开支呢！”

听到豆豆妈妈说的话越来越涉及隐私，乐乐妈妈找了个借口叫着乐乐提前回家了，她可不想因为片刻的相处，就让自己的隐私满天飞啊！

在和陌生人交往的时候，在没有变成朋友之前，一定不要和对方聊一些和隐私有关的问题。换言之，哪怕我们已经与陌生人成为了朋友，我们也要尊重朋友，不要随意打探朋友的隐私。总而言之，所谓隐私，就是每个人不愿意让他人知道的事情。我们唯有主动回避陌生人的隐私，才能赢得陌生人的信任，从而使他们向我们敞开心扉。

很多人说起话来不经过大脑，不管什么话，只要想到了就会说。他们不但打探他人的隐私，而且对于自己的隐私也毫不保密，总是口无遮拦。殊不知，不管关系多么亲密的人，我们都要学会尊重他人的隐私，这样才能与他人建立友好和谐的关系，也才能与他们更好地相处和交往。

好气氛，助你和陌生人一见如故

“一见如故”，简直是和陌生人交往时的理想境界。的确，很多人之所以害怕与陌生人交往，就是因为他们不知道如何面对陌生人，也不知道如何和陌生人交流。但是如果和陌生人能一见如故，尴尬和难堪也就不复存在了。毕竟两个人初次见面就能侃侃而谈，总是让人轻松和愉快的。试想，假如一个人有独特的交际能力，无论面对哪种陌生人都能与对方一见如故、侃侃而谈，那么与陌生人交往的障碍也就不复存在了，同时他也会拥有更多的朋友，甚至是朋友遍天下。

如何才能与初次见面的陌生人一见如故呢？当然，这是需要技巧的。毕竟与陌生人之间会存在距离感，要想拉近彼此的距离并非易事。

首先，我们可以找到与陌生人之间的共同点，从而成功拉近自己与陌生人之间的距离。诸如在很多大城市都流传着一句话，“老乡见老乡，两眼泪汪汪”，那么当我们与陌生人见面时，完全可以以老乡的关系与对方套近乎。曾经有个女性朋友遇到了一位河南人，她自己是江苏人，但是却在第一时间成功地与那个河南人拉上了关系。她对对方说：“哎呀！咱们可是半个老乡啊！我老公是河南南阳的。你是河南哪里的呢？”对方听到她的话，马上也激动起来，说：“我家也是南阳的啊！我家就在南阳市，你老公家是南阳哪里的？”“我老公是南阳镇平县的，我们还去南阳市玩过呢。我老公的大伯就在南阳市工作。”就这样，一来二去，这位女性朋友和对方自然变得熟稔起来。

其次，我们还可以借助于感谢陌生人，从而与陌生人套近乎。前文说过，我们要主动帮助陌生人，那么当我们从帮助他人的人，变成被陌生人

帮助的人，我们当然也就更有理由与对方交谈了。我们必须感谢对方，而且我们的感谢要真诚及时。虽然说人做好事都不图回报，但是当对方得到我们真诚热情的感谢时，他也一定会心花怒放。感谢对方，不但显得我们知恩图报、知书达理，也在无形中帮助我们加深了与对方的友情和交情。

最后，搭讪的方式是多种多样的。我们可以从对方的长相说起。尤其是讲对方长得很像我们的某个亲人或者朋友时，对方心里难免会觉得与我们亲近起来。当然，我们还可以借机赞扬对方，人们都称赞美是人际关系的润滑剂，只要我们的赞美恰到好处，我们自然能够赢得对方的心。

在和陌生人初次交流时，我们一定要学会营造“一见如故”的气氛，这不仅能使我们拉近与他人的距离，还能使我们与他人的交流更加和谐顺畅。如果一切顺利，说不定对方还会向我们主动敞开心扉，与我们相谈甚欢呢！

共同点，让你和陌生人瞬间变得亲近

很多朋友之所以觉得和陌生人交往很难，就是因为在面对陌生人时彼此一无所知，所以也就无法发现自身与陌生人的共同点。毋庸置疑，共同点能够帮助我们和陌生人瞬间变得亲近起来，只要找到共同点，我们与他人的交流就会更加顺畅，甚至达到事半功倍的效果。

古人云，“近朱者赤，近墨者黑”。细心的朋友会发现，很多人在与他人交往时，并非和任何人都能聊得来，而是和固定的一群人特别聊得来。常言道，“物以类聚，人以群分”，说的就是这个道理。实际上，每个人都有自己的社交圈，当他们与自己社交圈里的人有最大限度的重合时，他们与对方也就能够特别聊得来。所谓共同点其实包含很多方面，诸如家乡、毕业院校、熟悉的人和事，彼此的兴趣爱好等。只要找到其中任意一个共同点，我们就能顺利地与陌生人展开交谈，跟陌生人比较容易亲近。然而，也许有朋友会说，我们可以了解他人的家乡，但是我们很难知道他人的兴趣爱好，尤其是在第一次与陌生人见面的情况下询问他人的隐私，是否会不合时宜呢？

当然，一见面就打听他人的隐私的确是不好的行为，但是我们可以察言观色，从而从侧面找寻与对方的共同点。诸如我们可以观察他人的服饰、装扮，也可以观察他人使用的手机等。其次，我们还可以诉说自己的兴趣爱好，以了解对方的兴趣爱好。这就需要我们用话试探对方，从而试着找出自己与对方的共同点。有的人会采取主动搭讪的方式与陌生人交流，有的人会采取主动帮助的方式感动陌生人，还有些男性朋友会给同为男性的陌生人递上一支烟，以此拉近彼此的关系。不管采取哪种方法，我们都要旁敲侧击地了解对方的兴趣爱好或者是其他情况，从而成功找到与对方的共同点。

在职场上，很多人面对的都是陌生的客户。实际上，如果是有准备的与客户见面，我们完全可以做到未雨绸缪，提前做好功课，了解对方。有的时候，我们还可以与客户身边的人交流，这样也能更加深入地了解客户。

近来，小马要代表公司和客户洽谈合作的事宜。在此之前，小马从未见过该客户，因此他决定先去该客户所在的公司踩点。小马佯装是过路歇脚的人，进入客户公司休息。找了个恰当的时机，他就与前台办公人员聊了起来。通过与其的一番攀谈，小马了解了很多关于该客户的情况，也知道该客户喜欢喝可乐，不爱喝白开水。为此，小马在与该客户见面之后，先是寒暄了一番，随后马上拿出一瓶冰镇可乐，问该客户："刘总，您不介意我喝可乐吧，您喜欢喝吗？"该客户一看冰可乐未免觉得沁心凉，当即让小马也给他倒一杯。就这样，小马和客户一边喝着冰镇可乐，一边谈着相关的合作事

宜，竟然很快就达成了共识，谈判也在愉快的氛围中圆满结束。

生活中，处处留心皆学问。我们还可以在谈话中不断深入，挖掘我们与对方的共同点。其实，挖掘共同点并非像我们想象中那么困难，只要我们先以浅显的话题打开对方的心扉，相信随着交谈的不断深入，我们从自己与对方的谈话中捕捉到的共同点会越来越多。这样一来，我们说起话来自然能够有的放矢，也不会因为缺乏共同点，而在交谈的时候发生瞠目结舌或不知所云的尴尬场景。

恭维陌生人，才能如愿以偿

面对陌生人，最难以逾越的就是如同天堑鸿沟般的距离。的确，这个世界上最遥远的距离不是地球的两端，而是人心与人心之间的距离。要想拉近与陌生人的距离，我们首先要与陌生人的心靠近。如果我们能够成功打开陌生人的心扉，那么我们与陌生人的交往也就会水到渠成，再也没有任何障碍了。

人的本性都是趋利避害的，几乎每个人都不喜欢听别人的批评，而喜欢听到别人对自己的赞美和恭维。因而要想拉近与陌生人之间的距离，我们最好的办法就是恭维陌生人，或者赞美陌生人显而易见的优点，这样我们与陌生人才能惺惺相惜，友好畅谈的梦想才能实现。

当然，恭维话并非是虚伪的赞美，更不是随随便便说出来敷衍了事的。在恭维他人时我们必须区分对象，要有的放矢找到最合适的主题恭维他人。诸如我们可以恭维小孩子健康可爱，可以恭维年轻人年轻有为，也可以恭维老年人老当益壮。但是如果我们把该顺序打乱，乱点鸳鸯谱，恭维老年人年轻有为，恭维小孩子老当益壮，那么结果一定会让人啼笑皆非。

具体而言，恭维他人的注意事项内容如下。首先，恭维要区分对象，因人而异，有的放矢，也就是要根据对方的身份、地位和实际情况，有针对性地恭维他人。其次，恭维他人一定要发自内心，切勿虚伪、敷衍。人都是有自知之明的，如果我们过于功利性地对他人阿谀奉承，那么就算我们的溢美之词泛滥，也无法成功地打动他人的心，反而还会招惹他人对我们心生厌烦。再次，凡事不可过度，赞美和恭维也是如此。假如我们过分地赞美和恭维他人，甚至言过其实，那么他人自然会知道我们的恭维并非是发自内心的，而且还会因为这种不真实的恭维给人留下不好的印象。可以说，过度恭维和赞美的话不如不说，至少不会导致事与愿违。最后，恭维的话一定要言辞恳切，让对方感受到我们的真诚和友善，最好能够恭维对方显而易见的优点或者出色的地方，否则我们与对方初次见面就赞美对方不明显的优点，显然是有故意逢迎的嫌疑。

有位处长生性高傲，看起来高高在上、冷冰冰的，很多人都觉得他难以接近，看到他就心生畏惧。有一次，有个外地公司的负责人需要找这位处长批条子，因而特意先打听了处长的为人。得知该处长不好沟通和相处后办事员一见到处长的面就说："张处长，我对您可是久闻大名啊！我早就听说您性格直爽，总是对我们这些从外地千里迢迢来的办事员特别关照，因而早就想认识您了。我最喜欢和您这样痛快的领导打交道，我能来找您办事真的很幸运。"

办事员的几句开场白，虽然表述的语句与该处长的为人完全相反，但是该处长听后非常满意。因而他主动为该办事员亮起了绿灯，只为了让自己和办事员心中的印象相符。不得不说，这个办事员非常聪明，他知道要先抬高

处长，才能让处长不好意思故意刁难他。

毋庸置疑，恭维的话决不能轻易说出口，而且还要把握好适当的度。每个人在心底里其实都把自己看得很高，也希望自己能够得到他人的认可，哪怕对方的身份和地位都不如自己。办事员正是抓住了处长的这种心理，才能成功打动处长，使自己办事更加顺利。

面对陌生人，我们之所以存在交往障碍，就是怕自己主动向陌生人伸出的友情橄榄枝被对方拒绝。那么当我们用恭维的话修饰我们的友情橄榄枝时，对方难道还会拒绝他人对自己的赞美吗？当然不会！趋利避害是人的本能，哪怕一个人嘴上说着自己不喜欢戴高帽子，但是当真正等到被人冠以高帽子时，他们也依然会欣然接受。正因为人人都无法拒绝被赞美，所以我们所说的恭维话才会更加受到欢迎。

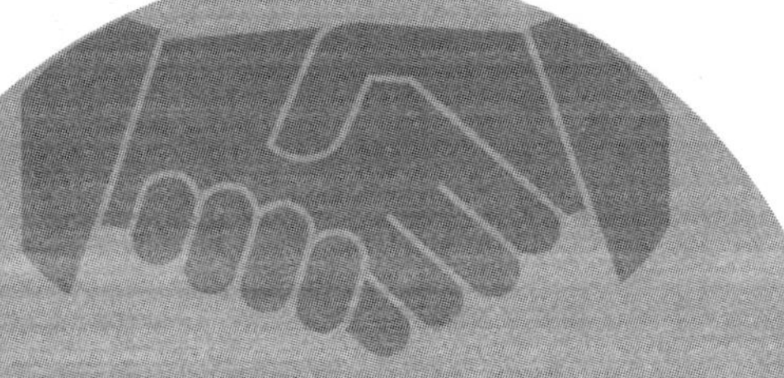

第 02 章

初次见面别冷场，懂点儿寒暄的基本功

在与初次见面的陌生人进行交往时，很多人都不知道应如何寒暄。实际上，与人寒暄是人际交往的一门基本功，尤其是对于初次见面的陌生人，假如能掌握寒暄的技巧，那么对于人际交往是有很大好处的。现代社会，聊得来已经成为人际交往的重要技巧，和陌生人初次见面而不冷场，会给我们的生活和工作带来很大的好处。当然，要想做到这一点，就要懂得寒暄，这样才能成功与他人建立关系，展开交谈。

美好的交往从寒暄开始

走在人潮如织、熙熙攘攘的大街上，如果陌生的人之间彼此擦肩而过，那么注定永远都只能是陌生人。但是如果陌生人之间能够成功搭讪，也许就会开始一段美好的交往。所以，大凡有奇遇的人，都是擅长交际且能够与他人寒暄的人。

现实生活中很多人虽然知道交际的重要性，也知道很多交际的技巧，但是他们并不完全认可交际书籍上的很多观点和做法。他们觉得无须如同交际书籍中所说的一样按部就班地问候他人，而是认为人与人之间更多的是应该说些有用的和实际的话，无须过于在乎寒暄的作用。实际上，这种观点恰恰错了。现实生活中，很多人之所以感到人际关系紧张，而且无法有效拓展人际关系，就是因为他们不善于寒暄。尤其是在现代社会，电子产品越来越普及，人们对于电子产品的依赖程度也越来越高，只有学会寒暄，才能帮助人们拓展人际关系，结交更多的人，也才能获得美好的交往体验。尤其是在陌生人之间，寒暄显得尤为重要，甚至关系到我们能否成功结识陌生人，从而获得良好的社交关系。

在地铁上，刘斌遇到了一个美丽的女孩儿。他的性格很内向，虽然他

对这个女孩儿感觉非常好，也恨不得马上能认识这个女孩儿，却始终无法张开嘴和那个女孩儿搭讪。女孩儿站在那里，亭亭玉立，面带微笑，刘斌的内心却在进行激烈的斗争。他不停地问自己：“我如果和她搭讪，会被她拒绝吗？”然而，他始终无法给出自己确定的答案。这时，地铁的电路突然出现故障，地铁停了下来。车厢里的人马上开始窃窃私语，似乎这个偶发的事件打破了人们之间的陌生感，大家纷纷与邻座的人或者自己对面的人交谈起来。这时，刘斌抓住这个机会和女孩儿寒暄道：“地铁出故障了，这种事情可真少见啊！”女孩儿马上笑着回答说：“是啊，我们很幸运，也是一种与众不同的经历呢！”刘斌从女孩儿的话里感受到友好的氛围，因而继续寒暄道：“你每天上班都坐地铁吗？”就这样，他们从地铁谈到日常的生活和工作，虽然地铁只停运了半个小时，但是乘客们都心急如焚，唯有刘斌和女孩儿聊得很高兴，时间不知不觉就过去了。

当地铁再次启动后刘斌才意识到和女孩儿分别在即，因而请求女孩儿说：“既然你在培训机构工作，不如咱们互相留下联系方式，如果我周围的人有需要咨询或者培训的，我可以介绍给你。”这个理由听上去合情合理，女孩儿爽快地与刘斌互相加了微信，还留了电话。后来，他们虽然没有如同刘斌所愿成为情侣，却成为了很好的朋友，而且在生活中互相帮助。

如果刘斌始终无法鼓起勇气和女孩儿搭讪，那么他自然无法结识一位美丽友善的女性朋友，也就不可能有后来美好的交往了。其实，人与人之间缘是很深的，至于分的把握，则需要每个人自己去努力争取了。在现实生活中，很多人都不敢和陌生人寒暄和搭讪，总是怕被他人拒绝。实际上，人与人之间的交往是相互的。只要我们态度友好、和善可亲，相信他人是不会粗暴地拒绝我们的。

笑容，是人类最美丽的妆容

在世界上不同的国家和民族之间，人们的语言也是互不相通的，而且每个民族都有自己的文化和风俗，也都有各自的禁忌。这样一来，不同国家和民族的人之间交流的时候就会面临很多障碍。然而，哪怕在语言不通的人之间，也有一种世界通用的语言，可以帮助我们更好地理解他人，与他人产生互动——这就是笑容。

人是天生就会笑的，小小的婴儿在母亲的子宫里时就会无意识地笑，在出生之后几个月之内，就会有意识地绽放笑容。即便是人们之前语言不通，风俗和禁忌各不相同，但是全世界的人都会用笑容来表现友好与和谐，也能够用笑容拉近自己与他人之间的距离，贴近他人的心。举例而言，面对陌生人的时候，我们可以素面朝天，只要我们保持笑容，我们就能与他人之间拉近距离，这比任何精致的妆容都能让我们显得更加和善可亲。针对笑容在人际交往中的重要作用，有人把笑容称作人际交往的润滑剂。现实生活中，人们常说的伸手不打笑脸人，意思就是说一个人如果满脸笑容，总是不那么让人讨厌的。

几十年前在美国加州，一个6岁的女孩儿正在路边玩耍时遇到了一位愁眉苦脸的人。女孩儿不知道那个人正在发愁，而是和平日里一样向那个人展现出自己最美丽的笑容。女孩儿的笑容是那么纯净美好，而且充满阳光的味道。忧愁的人在其精神恍惚中，如同看到了美丽的天使，心中的阴霾不由得一扫而光。后来，这个人决定资助女孩儿去读最好的学校，这所学校每年都要交一万多美元的学费，但是这个人承诺要资助该女孩儿，一直到她读完大学，能够自力更生为止。

当女孩儿把这个人领回家里时，女孩儿的父母都感到非常震惊。他们住在贫民窟里，从未想过有朝一日会有这种天上掉馅饼的好事情落在他们的头上。为此，女孩儿的父母百思不得其解，并且再三追问那个人为何要这么做。起初那个人只是让女孩儿的父母不要问，只需要坦然接受即可。但是女孩儿的父母坚持如果不说明情况，他们是不会贸然接受的。那个人感受到这一家人的诚实和美好，因而只好如实相告："您女儿的笑容与众不同，就像天使带来的阳光，一下子驱散了我心中长久以来的忧愁和苦闷。我愿意资助她，并希望能经常看到她的笑容，这样我也会变得快乐起来。"

这就是笑容的力量，它能够驱散人们心底的阴霾，使人心中阳光普照。的确，这样的笑容是无价的。当一个人拥有这样的笑容，他无疑是这个世界上最富有的人，他会因为自己的笑容具有很高的价值，从而得到他人的认可和肯定。

有人也许会说，笑无非就是咧开嘴，这样就是笑了。其实不然。笑有很多种，有的笑是职业性的，有的笑是虚伪的，只有心境平和，发自心底的纯真笑容，才能打动他人的心，也才能修饰我们的面部，让我们更加充满魅力。

纯真、真诚的微笑，如同从人的心底流淌出的清泉，沁人心脾，让人心旷神怡。因而，人们说微笑是"社交的通行证"。只有面带微笑的人，才能帮助人们真正打开心扉，令彼此能够更加真诚地交往。

让眼睛成为心灵的窗口

在形容一个人的眼睛呆滞无神的时候，人们总是说此人是死鱼眼。所谓的死鱼眼，就是指眼睛像死鱼的眼睛一样瞪着，眼珠不会转动，而且眼神也毫无光泽可言。实际上，眼睛是心灵的窗口，眼神的表达是非常微妙的。在与陌生人见面时，我们除了可以用语言搭讪、寒暄，以及用微笑与对方拉近关系之外，还可以用非语言与对方进行交流，包括肢体语言、面部表情，以及眼神等。实际上，心理学家经过研究发现，人们在交流过程中，语言所起的作用只占很小的比例。大多数情况下，人们要依靠非语言辅助交流，才能让交流事半功倍，取得良好的效果。

很多时候，语言无法表达的微妙感情，也可以通过眼神表达出来，甚至能更加准确到位。经常看影视剧的朋友们会发现，很多影视剧中都特别注重演员眼神的表达，那是比其他表达更加准确传神和微妙到位的。那么，如何才能让眼睛成为心灵的窗口，为我们的沟通服务呢？前提是我们必须先调整好心态，让自己的内心做好交流的准备。例如一个人参加面试，如果他不够自信，非常自卑胆怯，那么他无论如何努力都无法表现出镇定自若、从容不迫的样子，更不敢正视主考官，而是让自己的眼神躲躲闪闪，透露出心虚的样子。相反，假如一个面试者胸有成竹，而且胜券在握，那么在他面对主考官时，就能直视主考官的眼睛，眼神坚定、内心从容，绝不会有心虚的表现。

人生之中有很多机会面对陌生人，也会与陌生人之间产生交流和互动。在这种情况下，我们要想给对方留下良好的印象，就要与对方进行正面交流。否则，哪怕我们是因为自己心虚而不敢正视对方，对方也会感到被轻

视，从而对我们的印象不佳。尤其是在与对方交流时，我们更要正视对方的眼睛，从而用眼神告诉对方我们是十分真诚和认真的。

玛丽和男朋友一路飞奔，冲向飞往巴黎航班的登机口。虽然飞机还没有起飞，但是登机口已经关闭了。工作人员正在整理票根，玛丽气喘吁吁地冲她喊道："请等一下，请等一下，我们还没有登机。"

工作人员抬起头平静地看着他们，说："对不起，登机已经结束了。"玛丽不能眼睁睁地看着机票作废，因而努力争取道："但是，我们的转乘航班才刚到机场十分钟，他们承诺会告诉登机口多给我们留一些时间的。"然而，工作人员依然坚持说："对不起，登机口已经关闭。"

玛丽透过玻璃幕墙看到飞机正在启动，有位工作人员拿着指挥棒正在跑道上指挥呢。玛丽没有时间想得更多，也不想追究任何人的责任，她只想登机。为此，她和男朋友一起走到正对着飞机驾驶舱的位置，凝神看着驾驶员。原来，玛丽是想用这种方式吸引驾驶员的注意力。幸运的是，的确有一名飞机驾驶员看到了站在玻璃幕墙前的玛丽及其男友。玛丽继续真诚地、目不转睛地注视着飞机驾驶员，她的眼睛里满怀悲伤。那一刻，时间仿佛停止了，玛丽似乎看到那位飞机驾驶员对旁边的驾驶员说了句什么，旁边的驾驶员也抬起头注视着他们。随后飞机停止启动，登机口的电话响了起来……工作人员大声向玛丽喊："快点儿登机，飞机驾驶员在等你们！"玛丽及其男朋友高兴极了，赶紧隔着玻璃幕墙挥手向那两位飞机驾驶员示意，然后快速登上了飞机。

即便是隔着玻璃幕墙，隔着遥远的距离，飞机驾驶员也依然能够感受到玛丽眼神里的恳请和真诚。为此，飞机驾驶员才会网开一面，让玛丽及其男朋友破例登机。这就是眼神的力量！很多时候，人们觉得眼神是无力的，既不能发声，也不能发力。殊不知，眼神能够强有力地进行沟通，因为真挚诚恳的眼神，能够直抵人的心灵深处。

在与人交往的时候，尤其是在面对陌生人的时候，我们一定要学会与陌生人沟通。除了使用语言进行交流之外，还可以用肢体语言、面部表情等与陌生人进行更好的沟通和互动。哪怕在一言不发的情况下，我们也可以成功地用眼神与他人沟通。因此，朋友们，不管是否面对陌生人，在与人打交道的时候，我们一定要正视对方。如果觉得直勾勾地盯着他人的眼睛是不礼貌的，那么我们可以看着他人脸上的三角区或者是眼睛中间的位置，这样既实现了眼神的交流，又不至于给人不礼貌的感觉。

掌握诀窍，给他人留下好印象

人际交往中，第一印象往往影响着交往的进展和结果，因而在初次与他人打交道时，我们就要多多注意掌握交往的诀窍，给他人留下好印象可达到事半功倍的效果。的确，现代社会人际交往被提升到前所未有的高度，人际关系也成为每个人的头等大事，这主要是因为人脉资源具有重要作用。有人脉资源的人，不管做什么事情都能很顺利，如鱼得水，而没有人脉资源的人，哪怕自身能力很强，在这个处处需要合作的时代，也是寸步难行的。由此可见，人际关系多么至关重要！因而现代社会中很多人都想改善自己的人际关系，从而帮助自己赢得更好的发展前景。

交往的基本原则就是真诚和尊重。通常情况下，人际交往也是有技巧的。语言绝不能平铺直叙，很多人把说话看成是非常简单的事情，似乎只要能够发出声音，就算会说话。实际上，人类的语言具有深刻的含义，而且

每个人在说话的时候都是在有目的地表达，其语言也有一定的组织性。假如任何发出的声音都能称为语言，那么一切都会变得乱糟糟的。真正的语言是经过思维进行周密地组织过的，从而能够在人与人之间传情达意，表达各种思想和观点。要想让语言交流起到良好的效果，我们就不能随心所欲，想说什么就说什么。一则，语言是把双刃剑，既能使人之间的关系更加亲密，也会无形中伤害他人的心，导致人际关系恶化；二则，语言的表达都是有预期的目的，我们也需要组织语言，从而让语言表达起到预期的效果，更能传情达意。

要想给人留下良好的第一印象，尤其是在和陌生人交往时，必须注意以下三点。首先，正如上一篇中所说的，要学会用眼神和对方交流，让眼睛真正起到心灵窗口的作用。尤其是在与他人面对面交谈时，更要合理运用眼神，从而让对方感受到我们的真诚和善意，与对方建立起良好的关系。其次，要想增强交流的效果，可以适当使用肢体语言传情达意，表达情感，更好地表达自己的意见和主张。最后，说话不要平铺直叙，而要抑扬顿挫，有高潮，有低谷，这样才能更好地吸引他人的注意力，也使得说话更有效果。

这次谈判由林楠负责。她能作为公司的首席谈判代表，是因为她得到了领导的器重，才担负起如此重要的责任。然而，林楠这次面对的谈判对手也很强势，所以林楠对于这次谈判丝毫不敢懈怠。

在谈判桌上，虽然很多谈判细节已经得到共识，但是对于最关键的利润分配问题，林楠和对方都寸步不让，谁都想为自己的公司争取更多的利益。谈判其实不仅仅在于达成共识后签约，也在于是否能够让自己所在的公司在最大限度内得到最多的利益。因为这也是公司衡量谈判负责人是否给力的重要因素，所以林楠与对方僵持不下，谁也不愿意轻易让步。

眼看着谈判快到结束的时间了，林楠决定使出撒手锏，给对方施加压

力。林楠的撒手锏不是用语言迫使对方就范，因为一旦言语不和，就会导致谈判无法进行。只见她接了个电话回来之后，并没有坐到原本与对方相对的位置上，而是坐在长长的会议桌的一端，与对方相距很远的一个位置上。林楠的这个举动换作谈判的新手也许看不懂是什么意思，但是对方却马上表现出十分焦虑的样子。的确，谈判进行到这一步，谁也不想半途而废。为此，对方马上主动做出让步，于是林楠也见好就收，同样以小小的让步作为回馈。就这样，这盘已经僵了的棋，又活了起来。很快，谈判就在愉快的氛围中结束了。

在这个事例中，林楠之所以能够成功地给对方施加压力，就是因为她很擅长使用肢体语言，也深谙人际交往的心理学。她利用坐到与对方距离更远的位置上，从心理学的角度给对方施加压力。这恰恰是在以无声的语言告诉对方："我不愿意与你继续纠缠下去了，我想要结束谈判。"这样一来，对方怎能不着急呢？！

当然，这是以空间距离给对方施加压力的肢体语言。肢体语言除了能够帮助我们在谈判中取得成功以外，也能帮助我们与他人拉近距离，从而成功打动他人的心。只要我们记住与人交往的三个诀窍，就会让我们与他人的交往事半功倍，取得良好的效果。

美妙的声音，助你给他人留下好印象

在面对陌生人时，很多人知道要让自己穿戴得更整齐，打扮得更精致，也会非常注意自己的举止，从而给对方留下好印象。殊不知，第一印象的好

坏绝不仅仅取决于这些显而易见的表象，也取决于能够听到的——我们的声音。

很多朋友觉得声音无关紧要，殊不知声音尽管看起来没有那么重要，但实际上却是非常重要的。现代社会有很多人追星，难道只是迷恋明星的长相吗？不得不说，很多歌星的长相并不英俊美丽，但是他们却成功地用声音吸引住了歌迷的关注。诸如韩红，大家都知道韩红的形象并非像大多数女明星般娇弱俏丽，但是却有很多人喜欢她。究其原因，是她高亢嘹亮的声音吸引了人们，让人们都愿意倾听她的天籁之音。当然，韩红是实力派歌手，也有很多偶像派歌手。但是不可否认的是，哪怕是偶像派歌手，也是要有美妙声音才能进入公众的视野。有的时候，如果我们闭上眼睛听歌，我们就会感到歌声如同眼神一样，也是一种交流，声音的特质也能打动人心。

日常生活中，也许我们五音不全，也许我们的嗓子不适合唱歌，但是我们都可以使用一定的技巧，让自己的声音变得更加美妙，悦耳动听。也许有朋友会说，“音色是无法改变的”。的确，每个人的声音特质不易改变，但是如果运用技巧，声音还是可以以更加完美的方式呈现的。比如，我们可以通过控制声调，让我们的声音沉稳、有特质，进而能够扣动他人的心弦。再如，我们也可以通过控制气息，让我们的声音更平和、舒缓。声音是否美妙动听，只有一部分取决于人本身的音色，更多地取决于抑扬顿挫的声调和平静舒缓的语气。只要多加练习，我们一定能成功地利用声音给他人留下好印象。

尤其是在与人交谈时，除了声音本身的很多特征会影响声音的特质之外，声音是否悦耳动听，也取决于我们能够恰到好处地表达。有些人说话如同连珠炮，给他人以巨大的压力感，毫无疑问是不会得到他人的接受和认可的。相反，假如语气舒缓，说话合情合理，井井有条，那么他人就会对我们形成好印象，由此必然也乐于接受我们的声音和表达，这样自然会形成良性循环。总而言之，声音能够传达的信息绝不仅仅像我们想象中那么单一，如果我们能合理有效地利用声音，就会让我们与他人的交往事半功倍，取得良好的效果。

艾米是个快言快语的人，在从事电话销售之前，她从不知道声音居然有那么大的学问和那么多的讲究。艾米之前的那份工作是销售员，不过因为她说话太快，导致无法赢得客户的信任，因而销售业绩很差。接连几个月在该公司排名倒数几位，她不得不主动辞职，实际上她是被该公司淘汰了。后来，艾米为自己找了一份做电话销售的工作，原本面试负责人听说艾米以前做过销售工作，以为她做电话销售一定会如鱼得水，没想到艾米的电话销售业绩一塌糊涂。

原来，电话销售是通过电话与从未见过面的客户沟通，因而对于语言表达能力的要求更高。但艾米，一拿起电话就喋喋不休地说，让客户根本没有时间反应，有的客户因为不耐烦就把艾米的电话直接挂断了。眼看着进该公司半个月了，但是艾米却没有任何进步，更没有哪怕是一点点的业绩，为此负责人找艾米谈话："我觉得你应该先接受声音培训，然后再来从事这份工作。"艾米很惊讶地说："声音培训？声音没法培训啊！声音是天生的，怎么培训呢？"负责人笑着说："你去培训一下就知道声音的奥秘了，这对于你以后从事任何工作都是有好处的。"就这样，艾米暂停工作，去接受声音培训了。通过培训，艾米恍然大悟自己为何之前做工作总是没有业绩，原来自己根本不会说话，也不算有好的声音。培训之后的艾米，懂得了气息的吐纳，也知道语言表达中需要注意的细节问题。通过一段时间的勤学苦练，她把电话销售工作做得风生水起。

一个人如果不懂得控制自己的声音，而且说话的时候又不注意组织语言，那么可想而知他与人交谈时一定不会很顺利。的确，作为语言表达的重要要素，声音对于语言表达的效果好坏是至关重要的。

一个人哪怕外表非常好，如果一张口就让人瞠目结舌、无言以对，也是很难拥有好人缘的。尤其是在面对陌生人的时候，我们为了给对方留下良好的第一印象，更要努力包装自己的声音。人们常说，“未见其人，先闻其声”。我们也要学会用声音给他人留下深刻的印象，为交谈奠定良好的基础。

彬彬有礼地与人告别很重要

和陌生人见面，很多人都特别重视见面之初的情形，甚至会想方设法给对方留下良好而又深刻的印象。但是我们还需要注意的是，写文章都不能虎头蛇尾，更何况是做人呢？所以和陌生人见面之后，我们更需要做的就是与对方彬彬有礼地告别，这样才能表现出我们的礼貌，更能展示出我们的气质与风度。要想给他人留下良好的印象，除了见面之初要重视之外，告别更要非常有礼貌，才能有头有尾，给他人留下前后一致的好印象。

人际交往是很注重细节的。举例而言，你与客户第一次见面，虽然你接待客户很热情，但是在客户离开的时候，你只把客户送到办公室门口，就丢下客户一个人站在走廊里等电梯，这样做合适吗？这样一来，只怕你前面所有的热情和周到都会大打折扣，客户甚至会因为你这种不礼貌的待客行为，对你印象不好。有的人虽然会把客户送上电梯，但是却不等电梯关门就马上离开，这无疑也是虎头蛇尾的表现。中国有句古话，叫做好人做到底，送佛送到西。意思是说不管做什么事情，都要做到有始有终，这样才能圆满周全。所以朋友们，不要只顾着热情周到地迎接他人，还要看重彬彬有礼地与客人告别，这样才能让客人真正对你产生好印象。

虽然送别客人在整个社交流程中是一件小事情，但是却是不容忽视的细节问题。如果是在街头送别客人，那么一定要等到客人离开自己的视线，才能转身离开。这和很多人在给客户打电话的时候，都要耐心等客户挂断电话后才挂机是一样的道理。为人处世中处处都包含细节问题，唯有把细节问题做好了，我们才能算礼貌周全。

小霞要生孩子了，婆婆带着大儿子的孩子，一起来看望小霞。小霞的父母也在小霞家里，是专门为了照顾小霞产后坐月子来的。因为娘家父母来得较早，所以婆婆来了之后，小霞和她的妈妈一起周到地照顾婆婆和她带来的小孙子。然而，有一天婆婆不知道因为什么事情和自己的亲儿子吵架了，眼看着小霞还得几天才到预产期呢，她就嚷嚷着要回去了。对此，小霞觉得很生气。更让小霞觉得难以接受的是，婆婆走的那天和亲家母连声招呼都没打，就气鼓鼓地走了。似乎她不是和自己的亲儿子吵架，而是和亲家母吵架了一样。对于婆婆这样没礼貌的行为，小霞觉得很对不起自己的妈妈，毕竟妈妈帮着忙前忙后，还替自己这个大肚婆照顾婆婆呢。妈妈劝说小霞：“闺女，不生气啊，咱们不和她计较。她没礼貌。我呀，就稀罕我女婿，这么懂事孝顺，比亲儿子还好，我也不和她计较。”

在妈妈的开导下，小霞才算消了气。但是，小霞以后对于婆婆做人做事就有了看法，对她也不抱太多期望了。

婆婆虽然来的是自己儿子家里，但是既然需要亲家母照顾儿媳妇坐月子，自己则因为大儿子家的孩子腾不出手来，而且在到了儿子家后又得到了亲家母的周到照顾，那么在离开的时候，不管是出于什么原因，也是要说些客套话，郑重和亲家母告别的。此外，亲家母帮忙照顾她儿子、儿媳妇和孙子，也是有所付出的，也要说些感谢的话。毫无疑问，小霞的婆婆不太会做事情，走时很不礼貌，从而也使她与儿媳妇和亲家母的关系变得尴尬起来。

写文章要有头有尾，做人同样要有头有尾。生活中，我们要对亲戚朋友讲究礼貌，注意告别的礼仪；工作中，我们更是要学会与陌生的客户打交道，更要有礼貌，才能把事情做得周到和恰到好处。

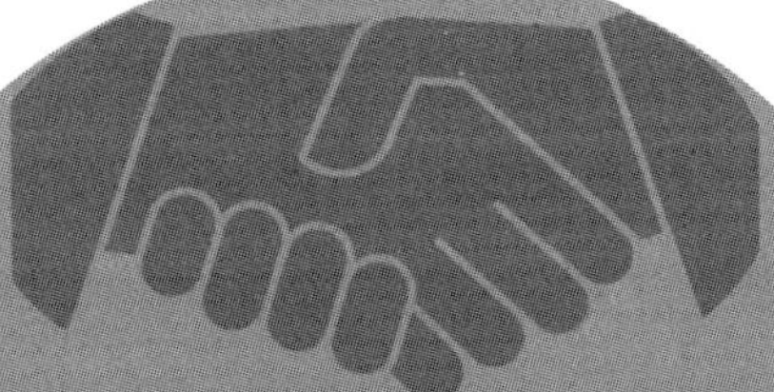

第 03 章

陌生人初次见面，找到话题聊得来的小诀窍

与陌生人初次见面，要想搭讪和寒暄已经需要很大的勇气了，那么要想与对方聊得来，又需要怎样的技巧呢？很多人都不愿意和陌生人打交道，但是现代社会人们的交际范围越来越大，在工作中也时常需要和陌生人打交道。要想有人缘，就必须掌握一些小诀窍，才能顺利打开与陌生人交往的局面，与陌生人愉快地畅谈。

没有人会拒绝对自己有好感的人

人本能就会趋利避害，每个人都喜欢听好听的话、赞美的话，而不喜欢被他人批评和否定。同样的道理，每个人都喜欢同对自己有好感的人相处，而不喜欢面对排斥和拒绝自己的人。因而在面对陌生人时，假如我们能够控制好自己的心态，真正发自内心友好地对待陌生人，那么他人也一定会感受到我们的真诚和善意，从而与我们更好地相处和交往。

如果说对于熟悉的朋友之间能够彼此了解，心有灵犀，也有默契，那么对于初次见面的陌生人而言，要想让他人感受到我们的好意，我们就必须会表达。因为是初次见面，彼此缺乏了解，过于逢迎对方或者带着讨好的意味赞美对方，都是不可取的。否则一旦给人留下虚伪和急功近利的印象，再想改变就很难了。那么，我们必须恰到好处地表现出对对方的好感，才能给对方留下好印象，也才能理所当然地与对方拉近关系，顺畅沟通。

表现出对对方的好感，最直接的办法就是表现出对对方的友善，面带笑容，眼里含笑意，这是表现好感最直截了当的方式。我们的面部表情、肢体语言以及眼神等，都能表现出我们对他人的厌恶和喜好。

在寒暄或者搭讪之后，我们与对方有了语言交流，表现好感就显得更加

容易。例如，我们可以恰到好处地赞美对方显而易见的优点。注意，此刻我们与对方还没有深入了解，因而我们最好赞美对方显而易见的优点，这样才能避免涉嫌故意讨好对方。诸如赞美对方的时装款式新颖，或者赞美对方思维敏捷等。要知道，赞美是人际交往中最好的润滑剂，没有人会拒绝一个面带微笑赞美自己的人。

表现对对方的好感时还可以表现出想要了解他人的欲望。毋庸置疑，对于一个我们讨厌，或者我们不愿意继续交往的人，我们很难表现出对对方有着浓厚的兴趣，而只想马上结束交谈，再也不愿意见到对方。相反，对于一个我们愿意深入了解和继续交往的人，我们则总是想要更深入地了解关于对方更多的事情，也愿意拥有更多的机会与对方见面。在这种情况下，我们的浓厚兴趣，就会让对方意识到我们对他们有好感，也让他们知道我们是愿意与其深入交往的。这样一来，对方出于投桃报李的心理，也会对我们更友善。

在这次聚会上，林倩一直和一位陌生的男士聊得很开心。这次聚会参加的人很多，而林倩又是个不爱热闹喜欢安静的人。因而和熟悉的人打过招呼后，她就在角落里的沙发上坐下，拿了一杯红酒，安静地捧着一本书看了起来。看到大多数女孩儿都在尽情展示自己，但是林倩却如此安静，一位男士不由得对林倩感到好奇。他走到林倩面前，问是否可以同坐一个沙发，林倩微笑着点点头，暗自想道："这位男士看起来很绅士，也许我会度过一个与众不同的聚会之夜"。

果然，当男士抱着试试看的态度和林倩搭讪说："最近，《摆渡人》这本书炙手可热，你也在看啊！"林倩当即笑着回应说："是啊！我已经看第二遍了，你也看过这本书吗？"该男士听到林倩居然在回应他，不由得高兴起来，暗自想道："看来，我还不是那么招人讨厌，这位美丽的女士很想就这本书和我展开一番交谈呢？！”想到这里，该男士说：“嗯，我也在看，不过因为工作太忙了，还没有看完。你觉得故事中的男女主人公怎么样？你都看第二遍了，一定很有发言权。”林倩有些害羞地说：“我是因为第一遍没好好看，才看第二遍的。不过，这个故事的确很能打动人心。虽然讲述的是个虚拟的故事，但是却剖析了生活的本质，真的让人读后感慨万千啊！现实生活中，我们不知道谁是谁的摆渡人，也不知道自己是否在摆渡他人。”

就这样，对于林倩而言一个原本寂寞的夜晚，在与该男士一见如故、相谈甚欢的交流中度过了。这都是因为林倩首先以微笑、积极回应向该男士伸出了橄榄枝，所以才有后来的相谈甚欢。

表达好感的方式有很多种，诸如微笑、积极回应、主动询问对方一些事情等，这都会让对方感受到我们发自内心的好感，也会推动我们与他人之间的关系更加良性发展。尤其是在面对陌生人时，我们更要主动抛出橄榄枝，才能得到他人积极的回应，与他人的交往才会渐入佳境。

总而言之，要想博得对方的认可和接受，让对方也对我们产生好感，我们首先就要表现出对对方的好感，从而成功地向对方伸出橄榄枝。不管是理解还是尊重，都是相互的，好感也是如此。我们唯有表现出对他人有好感，向他人传递我们乐于交往的积极态度，我们才能得到对方的积极回应，从而与对方一起努力，经营好人际关系。

充分展示自我，拉近与他人的心理距离

陌生人初次见面的时候，因为彼此之间缺乏了解，因而要想吸引对方，

必须在最短的时间里展示自我。这样才能帮助对方认可我们、接纳我们，也有利于推动我们与对方之间的交往。也许有人会说，“这样不就成了老王卖瓜，自卖自夸吗？”其实不然！现在这个时代非常开放，千里马如果始终躲在马厩里等着伯乐来找，那么最终一定会被埋没。所谓的酒香不怕巷子深，已完全不适用于现代社会的发展了。因而哪怕是在普通的交往中，我们要想尽快给他人留下好印象，就要充分展现自我，这样才能表现出自己的独特魅力。

在初次见面短短的几分钟时间里，我们要想让对方接受和认可我们，最直截了当的办法就是展示自我。这个办法同样能够使对方向我们敞开心扉。所谓展示自我，当然也要适度，并非一见他人的面就自我吹嘘，而是要在交谈的过程中循序渐进地表现自己，说明自己的情况，而且还要不卑不亢，既不能胡乱吹嘘，也不能妄自菲薄、自轻自贱。可以说，把握好展示自己的度是非常重要的。一个人如果在陌生人面前表现得过于自信，那么难免会有吹嘘的嫌疑。与之相反，如果表现得过于谦虚，又未免会使人觉得自己太自卑，缺乏自信。只有适度表现，才能让对方既能意识到我们的实力，又能意识到我们是谦逊有礼的。在此基础上，谈话才能顺利展开，我们与他人也才能更好地交流和相处。

当然，展示自我也不仅仅是为了炫耀自我，证实自己的能力。有的时候如果在面对陌生人时很紧张，我们也可以坦然地说出来。这种真诚与坦率的做法，也许恰恰能够赢得对方的理解和尊重，使我们能够在对方的理解中变得轻松起来，可谓一举两得。

近来，小雅在妈妈的安排下参加了一次相亲。虽然小雅此前对于相亲很排斥和抗拒，也怀疑妈妈说的那位男孩儿多么优秀，觉得都是吹嘘的，但是在第一眼看到该男孩儿时，小雅还是有些心跳加速的感觉。她原本对于此次相亲抱着无所谓的态度，却因为心跳加速情不自禁地问自己："难道缘分真的来了吗？"

难怪人们都说近情情怯，小雅此刻深切感受到了这句话的含义。小雅曾经被妈妈逼着好几次去相亲，但是都不曾像现在这么紧张。她此刻很想知道关于这个男孩儿的一切事情，也愿意和这个男孩儿继续交往下去，但是偏偏她因为紧张根本不知道该说些什么，甚至有些语塞。该男孩儿笑盈盈地看着她，那么阳光，那么绅士，小雅只能坦白地告诉男孩儿："对不起，我很紧张，我一紧张就不知道该说些什么。要不你问我吧，如果你想问的话。"男孩儿笑着说："没关系，那就由我先来提问吧，你紧张的样子很可爱。"就这样，男孩儿开始与她谈话。他对小雅提了一些问题，小雅一边紧张地回答男孩儿的提问，一边意识到男孩儿对她的好感，有想要更多了解她的欲望，不由得暗自窃喜。随着交谈的深入，小雅终于摆脱了紧张感，也开始问男孩儿很多问题。就这样，小雅和男孩儿最终共同得出一个结论：相亲也有可能遇到缘分。可想而知，他们是一见钟情，很快他们就坠入爱河了。

面对男孩儿，小雅与他一见钟情，却近情情怯。幸好她没有刻意地掩饰自己，而是坦然地告诉男孩儿自己内心深处的紧张与不安。这样，男孩儿不但没有对小雅留下不好的印象，反而还觉得紧张的小雅非常可爱，由此引领着小雅进入更加顺畅的交流中。当然，小雅后来消除了紧张感，也竭尽所能地回答了男孩儿的问题，并且也表现出对该男孩儿的浓厚兴趣，所以他们才会相见恨晚，坠入爱河。其实，展示自我并没有我们想象中的那么可怕，还常常会拉近我们与他人之间的关系。

需要注意的是，在初次见面展示自我的时候，也不要一味地只说自己的事情。毕竟，每个人都想要成为交往中的焦点，哪怕我们与对方是面对面进行交谈，我们也要学会倾听，也要给对方机会讲述他自己的观点。如果我们

始终以自我为中心，那么对方一则会感到受冷落，二则也会因为觉得自己没有得到足够的重视而觉得失落，这样一来彼此的交往也会很难顺利地进行下去。总而言之，凡事皆有度，我们无论多么想表现自我，也要掌握好度，才能恰到好处地与他人交往，才能让人际关系更加顺遂如意。

附和他人，也是有章可循的

附和的力量是很强大的，虽然这样，依然有很多人根本没有意识到附和如此重要，因此在现实生活和工作中，有很多人都因为不能正确地附和他人，导致给自己造成严重的损失。凡事皆有度，附和也是如此。很多人因为不能正确地附和他人，导致无形中得罪人，也有些人因为不知道附和的重要性，因而失去千载难逢的好机会。既然附和如此重要，难道我们应该无条件地附和他人吗？当然不是，附和也要符合一定的限度，也是有章可循的。

附和他人当然是想收到良好的效果，但是良好的效果并非唾手可得。

首先，附和他人时，我们要让附和的语言变得丰富，而不要说来说去就是那简单的几句话，甚至是几个字。否则，当他人觉得我们的附和缺乏诚意，也毫无新意，他人一定会对我们心生不满，与我们的交谈也会遇到障碍，无法顺利进行下去。现实生活中，很多人不管他人说什么，都只会以“嗯”“哦”“啊”等作为回应，让人感到很乏味。其实，诸如“真的吗？”“居然这样啊！”“简直让人难以置信。”之类的语言，也可以收到良好的附和效果。

其次，对于对方正在说的话题，为了表示我们的浓厚兴趣，我们一定不

要只顾着听，而忘记附和和回应。尤其是当对方说到紧要关头故意停顿的时候，我们更是要当即表示我们对其话语的重视。虽然倾听很重要，但是很多时候只用耳朵倾听是远远不够的。我们唯有让对方感到我们对他们的倾诉兴致浓厚，而且我们也正在随着他们的讲述心潮起伏，他们才会更有兴趣继续讲述下去。

老宋是个慢热型的人，不管做什么事情，他都稳重有余，激情不足。一天晚上，妻子和老宋说起要送孩子去幼儿园的事情。因为她已经亲自看过幼儿园，所以妻子很兴奋，再加上一想到自己即将从带孩子的辛苦中被解放出来，妻子更加滔滔不绝。然而，等到妻子说了有好几分钟之后，却发现老宋没有任何反应，只是瞪着眼睛看着电视，妻子突然觉得兴致索然，而且心中升腾起一股怒气："你到底有没有在听我说话？难道孩子是我一个人的吗？如果你不发表任何意见，那么接下来由你去给孩子选幼儿园，我全都不管了！"老宋如梦初醒，瞪着一双无神的大眼睛看着妻子说："我在听啊！"妻子更加生气："你在听？你一点儿反应都没有，真的在听吗？真是懒得跟你说话！"

就这样，一个原本愉快的夜晚，就因为老宋不懂得附和，导致妻子非常生气，整个夜晚都变得非常沉闷。

很多时候，不懂得附和他人，意味着对他人的讲话不懂得尊重，甚至使他人怀疑你根本没有在听他人所说的话。不得不说，这的确是令人生气的事情，因为没有任何人愿意被人忽视。现实生活中，我们在与人交谈时，尤其是在面对陌生人时，一定要学会附和，这样才能向对方传达我们对对方的尊重和兴趣。

最后，在与陌生人沟通时，如果不知道回应，对方就会不想继续讲话。假如我们想更多地了解陌生人，就要更加积极主动地回应陌生人的话语，让

他们知道他们讲述的内容已经被我们听到耳朵里，也记在心里了。在这种情况下，我们可以以一些疑问句作为回应。例如，问对方“到底是怎么回事？”“事情怎么会这样呢？”“最终的结果如何了？”之类的疑问句，从而激发对方的谈兴，使对方更加兴致盎然地向我们倾诉。这样一来，我们也就更加有机会了解对方的内心，从而从对方那里得到更多的信息。

也许有些朋友会说：“我对他们的话题根本不感兴趣，如何回应呢？”只要你想把交谈继续下去，面对对方谈论的、你根本不感兴趣的话题，你更要积极回应，这样才能让对方愿意交谈，也才能给予自己更多的机会了解对方。当然，在对方倾诉的过程中你必须要做出回应，但不能过多地回应，否则就有打断对方说话的嫌疑。如果说对方的倾诉是十分，那么你的回应只需要占到二至三分就足够了。朋友们，赶紧把这个黄金比例运用到实际交谈中试一试吧，效果一定会出乎你的预料哦！

首肯法，助你给他人留下好印象

所谓首肯法，顾名思义，就是首先肯定他们的谈话，对他人表示尊重和理解。尤其是在面对陌生人的时候，首肯法更是能够帮助我们给他人留下好印象，从而为我们与他人关系的良好发展铺垫基础。

当然，首肯法也不能过于直白，而是要顺其自然、不露痕迹地表示对他人的肯定。举个最简单的例子，假如当对方正在说连自己都不确定的言辞时，你却毫不犹豫地对他表示肯定和赞赏，那么他会在怀疑你的智商的同时，也一定会想不通你为何要对他的话毫无原则，也不负责任地表示肯定和赞赏。渐渐地，他甚至还会怀疑你的人品，觉得你只会溜须拍马。相反，当对方说得很对时，我们要抓住机会表达对对方的肯定，也向对方表明我们完全理解和接纳他们的看法，也很认可他们的做法，并且迫不及待地想要继续听他们讲述。这样一来，对方受到我们的肯定和激励，自然会深入地继续往下谈。

其次，在倾听他人讲述的过程中，我们如果对他人表示肯定，那么就可以缓慢而又大幅度地点头。这样一来，表示我们对他们说的话完全认可和理解，而且会使对方觉得我们很理解他们此刻的心情，也已经全盘接纳了他们的各种观点。毋庸置疑，他人受到我们这样的鼓舞之后，必然会越说越起劲，甚至因为得到我们接纳他们观点的鼓励，他们会更加兴致盎然地说下去。

这两种方法都是首肯法运用时的技巧，虽然我们做起来可以不露痕迹，也可以装作漫不经心，但是却能够给予对方极大的肯定和鼓励。试想，当我们一边说话一边得到他人的肯定和赞许，难道我们不会更加激动地讲述自己的更多想法和感受吗？最可怕的就是听别人说话，但是却毫无反应，更没有积极地回应，这一定会使谈话者感到枯燥乏味，甚至根本没有欲望把话继续说下去。

作为一个顽皮儿子的爸爸，张先生又被老师“请”到学校去了。老师简直对顽皮的张富毫无办法，也被他气得够呛，因而一看到张爸爸，老师马上迫不及待地抱怨说：“张爸爸，我真的对你家的张富无计可施，要是能辞职，我真想辞职了事。”张爸爸听到老师的话苦不堪言，马上点头附和着说：“老师啊我和你有同样的感受，要是爸爸可以辞职，我也真想辞职不干了。但是我辞不了职，所以我只能继续硬着头皮管教他，对他我还寄希望于——随着他年岁的增长，他能不要再让我这么操心。”听到张爸爸的话，

原本怒火中烧的老师不由得消了气，扑哧一声笑了起来。老师说："我一个老师都辞不了职。你作为他爸爸，只能和张富继续纠缠啦！"

接下来，老师开始绞尽脑汁地和张爸爸一起想办法，看看如何教育张富能够更加有效。当然，在教育张富方面，老师因为是老师，也因为其接受过专业的心理培训，更因为和那么多调皮的孩子都接触过，所以老师好歹比张爸爸更多一些经验。对于老师提出的建议，张爸爸时而缓慢地点头。老师不由得心生安慰——好歹张爸爸能听懂我的话，希望您回家之后能够好好配合学校的教学和教育工作吧！

就这样，张爸爸因为善于运用首肯法，居然把老师的一团怒火消散于无形。实际上，没有人在一张嘴说话的时候就会被人否定，大多数人都喜欢听好话，喜欢听他人肯定自己的话。为此，运用首肯法与陌生人交流时效果显著，常常会获得他人的认同。

虽然首肯法在人际交往中并非是多么重要的方法，也没有很高的技术含量，但是首肯法、眼神交流和简单附和等方法，都能以最简单的方式获得最好的交流效果。当我们毫不吝啬给予他人肯定时，他人也必然会以信赖回报我们，这样就会为我们人际交往的展开奠定坚实的第一步。

作为倾听者，要能改变倾诉者

大多数人都误以为只有讲话的人，才能以自己犀利独到的语言改变听者。殊不知，不但讲者可以改变听者，听者也是可以改变讲者的。这句话也许听起来不可思议，也不为很多朋友所接受，但是却很有道理，而且得到了现实的验证。

现实生活中，很多朋友都害怕当众演讲，因为他们害怕自己所表达的观点不被听众所接受，也害怕听众会把他们赶下演讲台，对他们的话充耳不闻。实际上，这样的困惑和恐惧并非只有普通人才有，很多职业的演讲家也会面临同样的不安，甚至那些已经习惯于生活在闪光灯下的明星们，在开演唱会时也会因为紧张而忘记歌词。

试想一下，假如你是演讲者，那么面对着台下听众交头接耳或呼呼大睡，你还能佯装从容地讲下去吗？从这个意义上来说，听者改变讲者并非空穴来风，每一个听者如果想要听到精彩的演讲，就要以实际行动鼓励讲者激情澎湃地讲下去。举个最简单的例子，在大学课堂上，假如你在讲台上又写又画，侃侃而谈，但是同学们却都大眼瞪小眼，连个做笔记的人都没有，那么你还有勇气继续地传授知识吗？只怕你会心灰意冷，甚至不想再为这些不懂得尊重老师，也不懂得为自己负责的学生费心劳神。相反，假如老师在讲台上上课，看到台下的同学们全都聚精会神地听讲，而且时不时地还会低头认真做笔记，那么作为老师一定会尽心竭力地为同学们传授知识，而不会有丝毫懈怠。

好的听众除了能给予演讲者忠诚的耳朵、熠熠闪光的眼睛之外，也会给予演讲者信心和荣誉。那么在面对陌生人时，虽然陌生人并非是我们的讲者，但是我们也依然要用相似的办法激发对方的谈话兴致和热情，从而使他们能对我们敞开心扉、吐露心声。

除此之外，作为听者，为了能让讲者更加激情澎湃、倾其所有地为我们讲述各种知识或者事件，我们还有很多办法可以激发讲者的谈兴。诸如，我们可以坐在靠近讲者的位置上认真倾听，还可以在讲者中途休息时向其提问，或者回答讲者的问题。这些行为都能使讲者感受到我们是他们最忠实的

听众，也是最在乎和最重视他们讲话的人。这么做还有一个好处，即能够帮助我们得到演讲者的重视，又能使我们鼓起勇气，更好地与陌生人进行交流和沟通。

初次见面后要趁热打铁给他人留印象

我们与陌生人也许可以一见如故，但是却不能马上成为朋友，因为每一个慎重的人在结交朋友之前都要认真考察对方，才能更加深入地了解对方，从而为自己与对方的交往奠定良好的基础。然而，很多人都觉得见面之后分手就是分手了，既然刚刚见过面，就根本没有必要再与他人客套。

其实不然。初次见面后，人们对于彼此的印象并不深刻。假如这种情况下不抓住刚刚相识的绝佳时机，帮助他人对我们形成更深刻的印象，那么毫无疑问，他人一定会渐渐遗忘我们。这就像是人的记忆曲线一样，我们必须更加积极主动，才能让他人记住我们。

林丹是一家房地产公司的销售人员，每次与客户见面之后，客户总是能记住她的名字，并且在下次再见到她的时候，能亲热地叫出她的名字。可想而知，林丹能与客户像朋友一样相处，她的业绩自然非常突出，在工作上也能如鱼得水。

很多同事都纳闷儿林丹是如何让客户记住自己的，因为他们的一些客户等其再次去拜访的时候，会连他们姓什么都不记得了。当然，这是林丹做销售的小秘密，所以直到她成为销售主管后才把这个秘密和下属们分享。原本，每次接待完客户后，不管这个客户的来源途径是什么，不管这个客户是来自网络还是门店接待，抑或是来自同事的间接介绍，只要与该客户分别，林丹就会马上给客户发一条详细介绍自己的短信。在短信里，她不但会注明自己所在的公司以及公司的地址，还会向客户强调自己的名字以及自己的特长。很多同事都知道林丹的短信写得像是简历，但是只有林丹知道这个“简历”已经设置成她的短信模板了，并帮助她成交了很多单生意，为公司带来了丰厚的利润。

毫无疑问，林丹非常聪明。她知道人的记忆曲线，也知道人不管做什么事情都要趁热打铁。所以她才会在与客户初次见面后，就把公司的名称、地址以及自己的相关资料都以短信的形式发送给客户。这么做除了能帮助客户加深对她的印象之外，也可以帮助客户从诸多联系人中区分出她来。在以短信的方式趁热打铁地向客户推荐自己时，一定要把握好时机。所谓的趁热打铁，即是在初次见面后最短的时间内给客户发信息进行自我介绍，效果才是最好的。

其次，我们还要学会自己组织语言问候他人。现在逢年过节的时候，很多人都喜欢使用群发短信祝福各位朋友和亲人，殊不知这种群发短信已经泛滥，如果某位领导或者重要客户已经收到数十条和你发的内容一样的短信，他们还会对你留下深刻的印象吗？只怕他们会对你极其不满意，心生不好的印象。

最后，再好的问候短信，也不如彼此相处时给对方留下深刻的印象来得更好。我们不要一味地把功夫花在事后，而要在与他人相处时表现出积极热情，而且还要尽量创造机会与他人单独相处，这样一来他人必然会对你留下深刻的印象，也会因为对你刮目相看而更加器重你。记住！我们只有与众不同，才能真正做到鹤立鸡群。那么如果我们的外表并不能给人留下深刻的印象，我们就要及时弥补，以非同寻常的自编短信让对方对我们刮目相看。

认真对待他人的问询

一句陈述句往往很难激起人们的谈兴，因为陈述句平铺直叙，根本没有什么值得人们注意的地方。相比之下，一句询问句则能够更好地激发出人们的谈兴，使得人们在回答他人问题的同时，了解他人的所思所想，能敏锐地觉察到对方的兴趣所在。因而在与陌生人交流时，我们一定不要忽视他人的问询，而要慎重对待他人的问询，从而帮助自己更好地博得对方的认可。

进一步而言，提问的方式有很多种。有封闭式提问、选择式提问和开放式提问。善于聊天的人总是喜欢选择开放式提问，而不愿意使用封闭式提问。顾名思义，封闭式提问易让人的回答成为谈话的终结，使人们彼此之间的交流无法生动地继续下去。因而我们在向他人提问时，要注意多采用开放式提问，这样才能启发和拓宽他人的思路，从而使他人给我们的回答妙趣横生。当然，我们在回答别人的提问时也需要注意尽量不使用陈述句作为结尾。例如，当别人问你："前几天去哪里玩了？"你可以回答："去了日本，看了樱花，樱花特别漂亮，美得壮观。"在你这样回答完之后，对方必须再次绞尽脑汁地想其他问题来向你提问，才能让你们的交流继续下去。中国人向来讲究礼尚往来，其实对于他人的提问，我们也应该保持兴趣，给予反馈。假如你回答："我去日本看了樱花，简直太漂亮了。你呢这几天有没有出去玩？"这样一来，对方就会接着回答你的问题，在你们有来有往的问答中，你们必然谈得越来越顺畅，对彼此的了解也会更加深入。

实际上，当对方问你去哪里玩的时候，就说明对方对你游玩的感受感兴趣，对方其实也在暗示你问他同样的问题。这样一来，谈话必然能够得以延续，趣味盎然。毫无疑问，在两种回答中，第二种回答更加完美，也有助于人们的交流。很多时候，问题中会蕴含着强烈的意味。我们只有多多关注他人的询问，才能了解他人隐藏在问题之中的微妙心思。诸如有人问你："你知道吗？人家林倩又去马尔代夫度假了！"这句话的背后，你是否能够领悟到对方的心思，即她很羡慕林倩，也很想像林倩一样去马尔代夫度假。这样一来，当你也表现出自己想去马尔代夫的心愿时，你们之间必然会产生共鸣，也会有更多的话可说。

退休后，老王每天都觉得百无聊赖。子女都上班了不在家，老伴儿又去老家看望老母亲了，所以家里只剩下老王一个人，简直孤独极了。

有一天，老王无意间看到网络上有去韩国的游轮旅游，只有一个星期的时间，而且行程缓慢，尤其适合老人跟团。为此，等到他女儿下班回来后，老王便问女儿："闺女，现在有去韩国的游轮游，你知道吗？"他闺女连连点头说："嗯嗯，我们刚刚有同事去过，说还挺好玩儿的，一点儿也不累。"闺女回答完爸爸的话就不吭声了，爸爸却满怀期待地看着闺女，闺女脑海中突然灵光一闪，说："爸爸，妈妈正好也不在家，你想跟团去韩国玩儿吗？"老王脸上瞬间就笑开了花，说："好啊好啊！我在家真的很无聊。你们都去上班了，我都不知道该干什么。"得知老王的心思后，他闺女当即上网给老王报名参加了次日出发的韩国游轮游，老王当天晚上就急忙收拾衣服，开心极了。老王还打电话告诉老伴儿他即将去旅行，还在电话中夸赞闺女很孝顺，是真正的贴心小棉袄呢！

老王无缘无故地提起韩国的游轮游，他闺女原本没想到爸爸提问背后的意思，只是简单回答了爸爸的问题。后来看到他爸爸期待的目光，闺女才恍然大悟，意识到他爸爸原来也想去旅游，这才一语中的，把话说到老王的心里去了。

在交谈中，我们必须能敏锐地觉察他人问询背后隐藏的含义，这样我们

才能最终恰到好处地把话语权交给他人，让他人畅所欲言。在交谈中，人人都想成为主导话语权的人，我们也只有把交谈的主动权交给强烈想要倾诉的一方，才能在对方的侃侃而谈中让谈话的氛围越来越好。因而，朋友们要想活跃谈话氛围，不如就从洞察对方的谈话意图开始吧！

交流绝不像大多数人想的那样只要上下嘴唇一动就能顺畅起来。其实，交流是非常微妙的，也最考验人们的社交能力。当我们能够做到与陌生人侃侃而谈，毫无生疏感和隔阂感，那么我们的人际关系一定会越来越好。

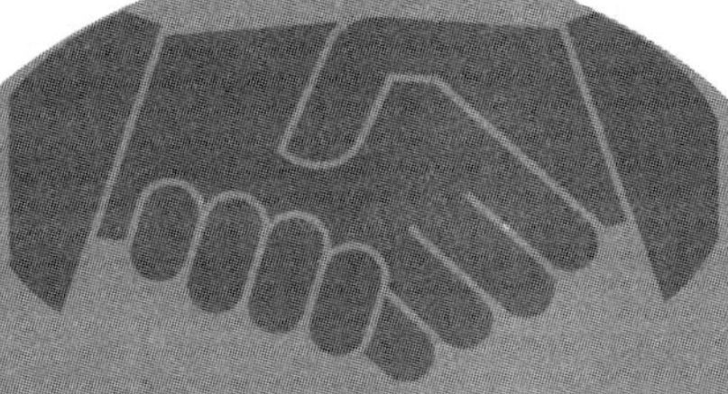

第 04 章

跟陌生人打交道，需掌握几点聊天原则

毋庸置疑，与陌生人打交道绝非是件简单容易的事情，尤其是当我们既不了解陌生人，也不知道如何与陌生人打开话匣子的时候，我们必须掌握几点聊天的原则，才能顺利与陌生人搭讪或者寒暄，也才能成功与陌生人建立良好的人际关系。

尊重他人，顾全他人的颜面

生活中，不如意之事十之八九，我们除了要应对那些生活中的不如意之事外，也常常碰到不让我们喜欢的人。那么对于这些我们不中意的人，我们应该采取怎样的态度面对呢？有些人非常任性，觉得对于任何人，只要自己不喜欢，就可以对他不理不睬、视若无睹。然而，有的人我们也许可以回避与其接触，有的人我们却不得不面对。在与他们交往时，我们还要加倍小心，顾全他人的颜面，否则就会给自己的人生路制造障碍。

毋庸置疑，每个人都很爱自己的面子，尤其是那些有头有脸的人，就更加在乎自己的面子了。在与陌生人交往时，我们因为对他们不了解，也不熟悉，因而就更要尊重他们，顾全他们的颜面。古人云，“宁可得罪君子，也不能得罪小人。”假如我们一不小心得罪了小人，那么小人根本不会让我们看出来他们的心思，而只会背后陷害我们，使我们遭到陷害还浑然不觉。相比之下，虽然得罪君子，君子会直截了当地与我们一决高下，但是至少我们可以对他们有所防备，而不会吃了哑巴亏却毫不知情。因而在与陌生人交往时，在不知道对方是君子还是小人之前，我们尽量尊重对方总是没错的。

其实，不管和谁交往，我们都要给对方留下台阶，保全对方的面子。

哪怕是熟悉的好朋友之间，或者是与亲朋好友之间，如果我们总是让他人下不来台，那么再坚固的友谊也会在没有面子的尴尬中消耗殆尽。有的时候，我们顾全他人的面子，也就是顾全自己的面子，更能保全自己与他人的珍贵友谊。

周末，妈妈刚刚领了工资，就带着小风去商场里买他心仪已久的玩具——变形金刚。刚刚从商场里出来，小风就遇到了同班同学马玉。马玉看到小风兴高采烈地拿着变形金刚，不由得感到羡慕、嫉妒、恨。因而他问小风："小风，你的变形金刚是刚买的吗？"小风很高兴地回答他："是啊！我妈妈刚刚发了工资，就买了变形金刚送给我当礼物。"马玉又问："变形金刚多少钱？我记得商场里卖的价格很贵。"小风回答："三百多块钱呢，我央求妈妈好久了，这次考试成绩好，妈妈才送给我的。"小风突然说："三百多块？你们可真是冤大头。我早就有变形金刚了，现在谁还在商场买玩具呢？我的变形金刚是我妈妈在京东商城促销的时候给我买的，才花了一百多块钱，绝对正品，还有发票。你看看，你在这买一件玩具就浪费二百多块钱，不是冤大头是什么呢？"听到马玉的话，小风脸色顿时很难看。

这时，小风的妈妈从商场里走出来，马玉说了一句："阿姨好！"之后，又问："阿姨，您是从事什么工作的，平时肯定不会上网吧？"小风的妈妈不明白马玉的意思，因而点点头。马玉又说："一看您也不是知识分子，否则现在哪个知识分子还不会网购呢？！您来商场买玩具，一下子就被人多挣二百多块钱，简直是太可惜了。"就这样，在马玉的冷嘲热讽下，小风和他妈妈全都没有了好心情，小风拿着变形金刚也不想玩了。后来，小风始终对马玉有意见，在一次班委会的选举中，小风把票投给了另一个候选人，而没给马玉投票。

同样意思的话，以不同的方式说出来，就会给人截然不同的感受。马玉因为忌妒小风有新的变形金刚，因而哪壶不开提哪壶，丝毫不给小风和小风的妈妈留面子，导致彻底得罪了小风。假如马玉说："商场里的变形金刚更保真，贵点儿也值得！"那么小风和他妈妈一定不会那么失落和沮丧。但是可想而知马玉是不会这么说的，因为他的目的就是伤害小风和他妈妈的面子，使他们无地自容。

生活中，我们有很多机会要与各种各样的人打交道，一定要学会说话，才能避免伤害他人的心，或者避免往他人的心上插刀子。对于马玉而言，小风的妈妈就是陌生人，可想而知小风的妈妈对于说话又坏又损的马玉很难会再有好印象了。其实，人生之中有很多角逐，仅凭逞一时的口舌之能，我们根本无法真正战胜他人。我们唯有待人宽和，不断提升和修炼自己的内心，才能成为具有更高境界的人。

语言简明扼要，引人注意

刘禹锡在《陋室铭》中说，山不在高，"有仙则名，水不在深，有龙则灵"。的确，既然山水都不讲究多高多深，而是只要有仙有龙就能名能灵，那么我们说话也是如此。很多人说起话来长篇大论，就像老太婆的裹脚布一样又臭又长，让听的人不堪其扰，最终恨不得堵住耳朵再也不听他们说话。这样一来，交流如何能够起到预期的效果呢？

其实，和说话啰啰唆唆正相反，一个人要想说话引人注意，不但不要提高声调，还要降低声调，不但不能啰唆冗长，还要言简意赅，把话说到点子上。细心的人会发现，大多数演讲大师都不是说话啰唆的人，相反他们说起

话来言简意赅，能够以语言的精髓吸引他人的注意力。很多口才差的人说话喋喋不休，虽然浪费了自己和他人大量的时间，却没有说出主旨，更没有表达清楚自己的意思，可谓徒劳无功，得不偿失。

有一次，英国首相丘吉尔应邀为剑桥大学的毕业生们发表演讲。能听到首相演讲，每位毕业生都心潮澎湃，因而他们早早地会聚在大礼堂里，等着丘吉尔的到来。在工作人员的陪同下，丘吉尔准时来到大礼堂。他缓缓地稳步走上演讲台，在工作人员的帮助下脱掉大衣，摘下帽子。然后，他静静地注视着台下的近万名学生，许久没有说话。正当学生们全都感到纳闷儿，不知道为何丘吉尔不说话时，丘吉尔一字一句地说："Never Give Up！（永不放弃！）"说完，丘吉尔就在工作人员的帮助下穿好大衣，戴上帽子，缓缓地离开了会场。原本鸦雀无声的会场突然之间掌声雷鸣，原来这四个铿锵有力的字就是丘吉尔对学生们最殷切的期望和最真挚的祝愿。

这次演讲是丘吉尔人生中的最后一次演讲，同时也是丘吉尔人生中最精彩的一次演讲。他只用简短的几个字就表达了自己对学生最真挚美好的祝愿和期盼，虽然语言不多，但却短小精悍。

讲述任何事情都有说不完的话，并不代表一个人语言能力强。现实生活中，平日里说话很啰唆，但是一遇到正事就说不清楚的人很多。相反，有些人虽然平日里说话少，但是说起话来铿锵有力，掷地有声，只用很少的话就能把复杂的事情说得清清楚楚，这才是能把话说到点子上的语言交流大师。

我们不能只是追求表面的能说会道。语言是思想的外衣，要想让语言精确凝练，要想让自己的表达恰到好处，我们就要学会表达自己的意图，才能让自己更加引人注意。在人际交往中，泛泛而谈的话总是使人兴致索然，令人根本没有继续听下去的愿望。谈话唯有生动精练，才能成功吸引他人的注意力，让他人因为我们的表达变得精神抖擞，神清气爽。这就像是写作文一样，在写作文的过程中，我们不管写多少字出来，一旦脱离主旨，就不能得分。相反，就算我们写的字数很少，但是却紧扣主题，妙语连珠，精确凝练，那么我们所写的就是一篇好作文。由此可以推断，话不在多，只要说到点子上就行。

让脸上的笑容流淌出心底的善意

与陌生人相处，因为提前并不了解对方，更无法预知自己将会于什么时候与对方相见，所以我们会觉得自己如丈二和尚摸不着头脑。我们之中的很多人更因为缺乏自信，也因为惧怕未知的结果，因而总是畏缩不前，始终不敢迈出与陌生人相处的第一步。实际上，人与人之间除了语言交流之外，很多时候我们即使一言不发，也能够通过对方的言行举止了解对方的内心。

在这个世界上有很多的国家和民族，各国家和民族之间的语言根本不通。在这种情况下，我们也许无法与其进行良好的沟通，但是却能通过脸上的笑容流淌出心底的善意，让对方知道我们的内心是善良友好的。有人说音乐是没有国界的，也有人说笑容是走遍世界的通行证。当然，音乐并非是大众化的，如果没有接受过一定的指导，普通人并不能把音乐发挥得恰到好处。但是笑容则不同，每个人，哪怕是没有受过教育的人，都可以绽放出美丽的笑容。就像是有很多胎儿在母亲的子宫里就会微笑一样，也有很多婴儿才几个月大，就会以笑容示人。曾经有人说，“婴儿美丽的笑容是非常纯真的，是这个世界上最美丽的风景”。的确，每个人心底的善良和美好不仅仅能够通过眼神表现出来，也可以通过笑容展现出来。

虽然笑容总体而言展现的都是美好，但是不同的人笑容也还是有着不同含义的。诸如有些人的笑容真诚，有些人的笑容美好，有些人的笑容表现出对他人的平等相待和尊重，有些人的笑容则流淌着来自心底的善意。总而言之，我们必须学会微笑，才能拥有这个世界上最美丽的妆容，也才能拥有与他人交流时通用的语言。

一个人如果没有笑容作为装扮，哪怕他衣着华贵，哪怕他穿着满身名牌，也同样无法得到他人的爱和尊重，更无法博得他人的认可和好感。毋庸置疑，华丽的服装不能代替一张充满笑意的面孔。从这个意义上来说，一个人的神情所起到的作用，远远超过他的衣着和打扮。

曾经有位成功学家说，“真诚的微笑是非常神奇的，拥有强大的力量。”真诚的微笑仿佛有着某些超能的力量，瞬间就能帮助我们与他人产生共鸣。毋庸置疑，真诚的微笑每个人都可以做到，也是最廉价而又最珍贵的人际交往中的润滑剂，要想拥有真诚的、打动人心的微笑，我们就必须摆正自己的心态，真诚友善地对待他人，从而才能缩短人与人之间的距离，与陌生人瞬间变得亲近和熟悉起来。

现实生活中在面对陌生人的时候，我们也许没有时间展示自己的与众不同和善意。很多时候我们根本没有机会说起自己，对方也许就会对我们有个先入为主的印象。为了避免给他人留下不好的印象，我们第一时间就要露出自己真诚的笑容，这样才能让我们在和他人接触时多几分融洽，也才能使我们与他人的交往更加和谐顺畅。否则，当我们面部表情僵硬，绝不轻易展露笑容，我们自然会在拒人千里之外的同时，也被他人拒于千里之外。

常言道，“伸手不打笑脸人”。这句话告诉我们，只要我们满面笑容，心怀善意，他人就算不欢迎我们，也不会表现出对我们毫不客气的样子。很多时候，一旦人们彼此之间顾忌对方的面子问题，事情也就有了缓和的空间和余地，我们也就不会被他人拒之门外，也就有了回旋的机会。

当然，需要注意的是，笑容绝不是谄媚。在人际交往中，我们既不能摆着一张冷冰冰的脸，也不能对他人阿谀奉承，总是虚情假意地微笑。真诚的微笑拥有强大的力量，它就像是三月阳春的暖阳，能够瞬间融化别人心中的坚冰。但是虚假的微笑却令人作呕，一个聪明人绝不愿意接受这种虚情假意的微笑。所以我们在对陌生人微笑时，一定要真诚友善，让笑容为我们打开陌生人的心扉。不管是在生活中还是在工作中，正如人们常说的，“爱笑的女孩儿运气总不会太差。”同样的道理，每个爱笑的人运气都不会很差。当我们发自内心地向他人绽放我们的笑容，当我们以微笑点燃他人心中的温情，我们与他人的交往自然就能水到渠成、事半功倍。记住，世界正因为有了你的微笑，才变得越加美丽。

赞美，让沟通水到渠成

人本能就会趋利避害，其表现在生活中的方方面面。在人际交往中，人趋利避害的本能也被发挥得淋漓尽致，因此每个人都愿意听到他人赞美的话，而不愿意被他人批评或者否定。所以在人际交往中，我们应该学会赞美他人，尤其是在面对陌生人时，我们发自内心的真诚赞美往往能够瞬间打开他人的心扉，使他们认可和接受我们，也对我们留下好印象。

很多人都害怕在与陌生人的沟通中遭到拒绝，倘若我们能够恰到好处地运用赞美，多慷慨大方地赞美他人，那么我们就能够与他人和谐交流。要知道，人天生就喜欢听赞美的话，每个人都期望得到他人的认可，获得他人的

赞美。假如一个人得不到他人的赞美，那么他就会对周围的人心生嫌隙，也很难与周围的人进行沟通。所以，聪明的人总是赞美他人，从而让自己与他人的沟通顺畅，毫无嫌隙和隔阂。可以说，在人际交往中，赞美是屡试不爽的招式，能够使我们每个人都在赞美中获益，从而成功地打动他人的心。

作为美国的图书推销高手，崔西推销图书时总是能够赢得顾客的认可，也能够把图书成功地推销出去。其实，崔西是有自己的一套推销秘诀的——赞美顾客。他从来不吝啬自己对顾客的赞美，在遇到每个顾客的时候都能主动赞美对方。当然，崔西也是经过不断的领悟才得知销售的真谛，也经历了很多磨炼。

崔西第一次使用赞美的法宝帮助自己推销成功，是在向一位女士推销书籍的时候。那天，一位气质高雅的女性客户一听说崔西是图书推销员，马上面色阴沉，并且对崔西的任何说辞都很抗拒，她对崔西说：“我当然知道你们这些推销员最喜欢说好听的话，最喜阿谀奉承。但是我建议你还是节省点儿时间，不要胡言乱语，因为我根本不信这一套。”看到该女士如此抗拒推销员，崔西笑着说：“女士，我很认可您说的话。的确有很多推销员都喜欢睁着眼睛说瞎话，尤其喜欢没原则地奉承客户，把那些不够理智和明智的客户吹捧得晕头转向。我遇到的很多客户都喜欢被吹捧，唯独您显得与众不同，我还从未见过像您这样这么有主见、思维敏捷，绝不盲从的客户。”说完这番话，崔西发现那位女士的脸上早已表现出“多云转晴”，而且她对崔西的态度也改变了。她主动问了崔西一些问题，当然，崔西也不忘借此机会赞美这位女士。最终这位女士不但对崔西的态度完全改变了，而且还买了崔西推销的一套书。后来，她成为了崔西的忠实顾客，接二连三地在崔西那里购买了很多套图书。崔西正是凭着对客户的慷慨而又真诚的赞美，赢得了客户的认可和信任，成为了图书销售行业中一名成功的推销员。

一句真诚赞美的话，瞬间就能打开他人的心扉。事例中的女士虽然嘴上说不喜欢推销员对顾客毫无原则的奉承和讨好，但是实际上她内心里也是渴望得到他人赞美的。当崔西针对她那番义正词严的话展开赞美攻势时，她不知不觉就改变了对崔西的态度，而且对于崔西的赞美非常受用。当然，崔西也绝不是瞎赞美，他的赞美是有的放矢的，正是针对该女士的那番话，他才赞美该女士有主见，与大多数人喜欢被吹捧其与众不同一样。虽然崔西所说的话也是一种吹捧，但是却不露痕迹，而且深得该女士的心。

毋庸置疑，赞美是一种人际交往的技巧，能够帮助我们成功赢得他人的好感，并且使他人最终能对我们刮目相看。我们要想与他人，尤其是陌生人建立良好的人际关系，就要像崔西一样真诚而又不露痕迹地赞美他人，才能成功地打动他人的心扉。当然，赞美也是有注意事项的。

首先，赞美要真诚，发自内心，而不要说些假、大、空的话，否则会使他人对我们的用意产生怀疑，也对我们的赞美完全无法接受。

其次，赞美他人时，可以夸赞他人显而易见的优点，也可以夸赞他人的独特之处，或者夸赞他人不为人知的小优点，总而言之必须言之凿凿，不能故意对他人阿谀奉承。此外，我们还要注意赞美他人的度。凡事过犹不及，赞美他人也是如此。我们一定要适度地赞美他人，而不要言过其实，更不要赞美他人根本没有的优点。

再次，赞美他人时，我们要把握好时机，而且要注意了解他人的喜好。每个人渴望得到他人赞美的地方都是不同的，我们唯有了解他人的喜好，才能有的放矢，把话说到他人心里去，从而使他人对我们的赞美印象深刻。

最后，赞美他人时还要注意保护他人的自尊心。赞美的话虽然是出于好意，但是如果措辞不当，也是很容易伤害他人自尊心的。因而在赞美他人时，哪怕我们内心里是一番好意，也要谨言慎行，斟酌字句，切不可把赞美的话不过脑子就说出来，导致事与愿违。

总而言之，赞美是我们能够赋予他人的最好礼物，也是我们与他人交谈中给他人最大的惊喜。其实，每个人都有自己的优点和缺点，只要我们不是一味地盯着他人的缺点看，而是能够看到他人的优点，并且恰到好处地赞美他人的优点，那么我们与他人的沟通就会更加顺畅、和谐。

把握好每一个细节，让交谈成功

很多时候，在与人交往的过程中，我们只注意到重要和明显的方面，而容易忽略细节。其实，对于细节的把握，才是让交谈成功的关键。正如人们常说的话，“千里之堤，溃于蚁穴”。在人生之中，很多时候决定我们命运的并非是那些重要的转折点，而是细枝末节。尤其是在与陌生人交往时，因为彼此缺乏了解和沟通，所以唯有更加注重每一个细节，并且把握好每一个细节，我们才能与陌生人顺利展开交流和互动。

1960年，法国总统戴高乐去美国访问。当时，尼克松担任美国副总统，为了盛情招待戴高乐，他举行了非常盛大的宴会。在宴会上，尼克松的夫人别出心裁地设计了马蹄环形餐桌，在餐桌中间的位置放置了一个五颜六色、鲜艳欲滴的鲜花展台。不仅如此，她还费尽心机地在色彩绚烂的热带鲜花中设计了一个喷泉。这个喷泉精致小巧，给当天的宴会带来了与众不同的风采。

戴高乐心思细腻，敏感地意识到这一切一定是女主人花费了许多心思设计出来的，因而他当即大加赞赏：“为了举行这样一场完美的宴会，夫人一定功不可没。我能看出，夫人独具匠心，才能设计出如此与众不同的宴会桌，尤其是那个瀑布，更是让人耳目一新。”戴高乐的这番话，让尼克松的夫人非常高兴，也为自己能够得到戴高乐的认可倍感荣幸。直到事情过去很久以后，尼克松的夫人还总是在朋友们面前夸赞戴高乐：“每一位来访的客人或许根本没有留意到我的巧妙布置，或许觉得根本没有必要感谢我这个女主人，但是戴高乐却与众不同，他一眼就看出我的付出，并且毫不吝啬地赞美我，由此可见他的心里总是装着别人。”

对于初次见面的尼克松夫人，戴高乐只是几句赞美的话，瞬间就征服了尼克松夫人的心。作为美国的副总统夫人，尼克松夫人必然会经常接待客人，但是却从未有任何人能像戴高乐总统那样留意到她的付出和煞费苦心。

也许很多其他宾客都会觉得尼克松夫人的分内工作就是协助尼克松总统接待客人，根本不值得特意称赞她。戴高乐总统恰恰是因为能领悟到尼克松夫人的付出，才特意赞美尼克松夫人，也才特别感谢尼克松夫人。这也使得尼克松夫人在很久以后，依然对戴高乐总统赞不绝口。

要想在最短的时间里获得他人的认可，走进他人的心灵，我们最好的办法就是注重细节。尤其是要细心发现他人的真心付出，这样他人才会对我们的赞美感激不尽，也才能与我们之间建立良好的交往。尤其是当面对陌生人时，我们更要关注陌生人与我们的交往细节，从而对他人的付出及时给予认可，这样才能打动他人的心扉。

胸怀开阔，不要斤斤计较

人与人相处的过程中，因为每个人的脾气秉性和观念都各不相同，因而人们彼此之间难免会产生摩擦。有的时候遇到小小的利益纠纷，人们还会相互算计，谁也不愿意吃半点儿亏。哪怕只是口头上占了下风，也会让有些人愤愤不平，恨不得在最短的时间内就为自己扳回这一局。其实，老祖宗留下古训说，“吃亏是福”，就是为了告诉我们要心胸开阔，而不要斤斤计较。遗憾的是，很多人都知道“吃亏是福”这句话，却不能领悟其中的道理，更不知道宽容别人就是宽宥自己。

从心理学的角度而言，假如一件事情如同刺一样扎在我们的心里，那么我们必然会受到无尽的折磨。但是伤害我们的人却浑然不知，依然尽情地享受着生活。这样一来，我们不但受到伤害，还搭上了自己的人生快乐，使得自己终日闷闷不乐，可谓得不偿失。再如，我们因为自己郁郁寡欢，必然会影响自己的情绪，导致工作和生活都不顺利。因而我们唯有放下，才能放了自己，也才能让自己以平和的心境洒脱地面对生活中的一切事物。这样，我们的人生才会充满明媚的阳光，我们的一切也才会更加顺遂。

人类第一次登上月球的壮举，是由两位宇航员共同完成的。他们就是阿姆斯特朗和奥德伦。大多数人对阿姆斯特朗非常熟悉，因为他是登上月球的第一人，并且因此蜚声世界，但是对于奥德伦，则很多人根本不知道他的名字。关于登上月球的壮举，阿姆斯特朗还说了一句全世界尽人皆知的话，即“我个人的一小步是全人类的一大步”，如今这句话更是成为举世闻名的名言，鼓舞和激励了无数人。

在庆祝成功登上月球的记者招待会上，有一名记者突然问奥德伦：“在登上月球时，阿姆斯特朗是第一个踩到月球上的人，作为和他同时抵达月球也完全有可能成为登月第一人的你，是否会感到遗憾呢？”这个问题很犀利，的确，如果奥德伦当初第一个走到月球上，那么阿姆斯特朗如今的任何荣耀，都将会属于他，而他也不会像现在这样依然默默无闻。在场所有人的目光都集中到奥德伦身上，大家都等着看他如何作答。只见他微微一笑，说：“大家不要忘记，阿姆斯特朗虽然是登月第一人，但是我可是从其他星球回到地球的第一个人啊！”原来，当返回地球时，奥德伦是第一个走出太空舱，踩到地球坚实的土地上的。奥德伦看到大家不说话，又补充道：“我可是当之无愧的从外星球来到地球的第一个人。”大家听到他的话，全都会心地哈哈大笑起来，并且给予了宽容豁达的奥德伦经久不息的热烈掌声。

生活中的事是琐碎的，如果喜欢计较，那么总是能够找到无数可以计较的理由。但是计较与快乐之间确实是完全相反的关系，即如果计较得多了，快乐就会变少了；如果心宽了，从不斤斤计较，那么快乐就会渐渐变多。那么，朋友们！对于你们而言是计较更重要，还是拥有快乐更重要呢？相信聪明的朋友一定能够做出明智且理性的选择。

朋友们！人生短暂如白驹过隙，没有人能够预知自己的人生。与其痛苦地活在计较中，不如不去计较，从而让自己获得更多的幸福与快乐。正如西方国家有句谚语——世界上最辽阔的是海洋，比海洋更辽阔的是天空，比天空更宽广的是人的胸怀。我们何不拥有宽于的胸怀，把整个世界都装进自己的心里呢！

非语言沟通之神态举止

每个人都知道语言沟通的重要性，但是却很少有人知道非语言沟通同样非常重要。曾经有位心理学家经过研究证实，语言传情达意的作用在沟通中只占很少的一部分，反而非语言沟通在沟通中起到了至关重要的作用。当然，非语言沟通有很多种，诸如面部表情、身体姿态、各种动作等，都是非语言沟通的范畴。

当然，在诸多非语言沟通的形式中，神态举止是人们最常见的非语言表现，而且大多数人对于神态举止都是没有明确的感知的。当我们意识到神态举止对于语言沟通的重要辅助作用，并且能够有意识地利用神态举止表达自己，那么我们就会发现神态举止在沟通中的作用很大，而且非常神奇。

通常情况下，神态举止能够最真实地反映出一个人的内在修养与素质。因此，神态举止在诸多非语言沟通中能起到积极的推动作用。所以要想与他人，尤其是与陌生人顺畅地沟通，我们除了要使用语言之外，更要留神自己的神态举止，也要注意观察对方的神态举止。然后，根据事情发展的实际情况，我们再来以神态举止表达自己的各种想法和观点，从而使对方更加深刻地理解我们的意思。

有个大学生毕业于名牌大学，但是他找工作的过程却充满坎坷和挫折。有一次，他在同学介绍下去了一家知名的外企应聘，虽然他在笔试和复试阶段的表现都非常好，但是最终与自己以心仪已久的工作失之交臂。他觉得很委屈，因为他根本不知道自己错在哪里。

幸好，这家公司有他的一位师哥，因而在面试的整个过程都结束后，他询问那位师哥自己为何会被淘汰，该师哥说："其实你非常优秀，各方面也完全符合公司的要求。但是你要知道，我们公司是与日本合资的企业，因而也有日方的管理者。日本人向来注重礼仪，在面试即将结束时，你居然翘起了二郎腿，这是日方的负责人绝对不能接受的。原本，中方负责人看中了你的学历和经验想要留下你，但是他们也觉得你的举止缺乏教养，因而当日方负责人说要淘汰你时，他们觉得很丢脸，根本无法为你争取机会。”听到该师哥的话，他懊恼不已，他一直以来习惯了这样的坐姿，不管是在家里还是在学校里都是如此，哪里能想到自己居然会因此与一份自己心仪的工作失之交臂呢！从此以后，他特别注重自己的言行举止，而且在与他人沟通时总是能保持恰到好处的神态。果不其然，他改掉不良的习惯后，顺利地找到了不错的工作。

正因为肢体语言是下意识地表现出来的，因此肢体语言往往会透露出某人更多的信息。如果说语言和表情都能伪装，那么伪装肢体语言的难度则要高很多。毕竟人们的很多动作都是下意识做出来的，而且带着日常生活中根深蒂固的习惯，根本无法成功戒除。

首先，理解他人的肢体语言时我们也不能绝对化，因为人与人各不相同，所以即便是相同的肢体语言表现在不同的人身上，也往往会有与众不同的含义。其次，我们也不能先入为主，仅凭肢体语言的表现就判定一个人。在观察他人的神态举止时，我们要设身处地地考虑到他人独特的性格，也要根据事发当时的具体情况来对他人进行判定。总而言之，神态举止是除了语言表达之外最重要的表达方式，也是我们下意识地透露自己内心和有意识了解他人内心的有效渠道。我们必须意识到肢体语言的重要性，才能在与他人沟通时借助于神态举止了解他人的真实内心，从而使交流能够达到事半功倍的效果。

第 05 章

跟陌生人打交道，让交谈持续进行的小技巧

和陌生人打交道，也许最开始张口搭讪和寒暄是最难的，但是在解决了这个难题之后，如何让话题继续下去，也是我们急需解决的问题。毕竟如果成功搭讪之后却陷入冷场的状态，那么搭讪就会变得毫无意义，也会虎头蛇尾，只有成功的开始，而没有圆满的结尾。

在最短的时间内展现个人魅力

在与陌生人见面时，要想在第一时间博得陌生人的好感，就要抓住做自我介绍的机会，最大限度地表现自己。很多人很擅长于做自我介绍，因而他们总是能够争分夺秒地展示自己的优势和特长，以赢得他人的认可。但是有些人则笨嘴拙舌，总是不知道该说些什么才能让他人认可自己，尤其是在面对陌生人的时候，他们更是结结巴巴，不知道如何才能把自己想说的话都说出来。

在进行自我介绍时，很多人都容易犯啰唆的毛病。殊不知，陌生人留给你的时间并不多，假如你总是找不到说话的重点，反而把陌生人说得晕头转向，那么你最终只能事与愿违，也根本不知道如何才能成功打动陌生人的心。实际上，在时间有限的情况下，我们只能说重点，也只能传达对他人最有意义的信息。好时机转瞬即逝，如果我们啰啰唆唆，最终使得对方根本没有心思继续听我们说下去，那么我们自然会得不偿失，也会导致我们与陌生人的交往在一开始就处处碰壁，无法继续下去。

我们往往很羡慕那些在职场上能够叱咤风云的精英人物，殊不知，他们之所以能够抓住自我介绍的一分钟甚至是几十秒的时间恰到好处地介绍自

己，是因为他们提前为自己准备好了自我介绍的模板。当然，他们根据不同的场合也会对自我介绍的内容进行一定的更改。我们也可以学习他们，为了以不变应万变，也可以提前准备好自我介绍的模板，从而在不同场合对模板稍加改动，就可以拿来就用。可以说，这样经过数次凝练的自我介绍是精华版的介绍，我们当然可以以此打动他人，从而也能成功地打开他人的心扉。

马丁大学毕业后就进入了一家世界五百强的企业工作，但是他只是个小小的职员，在公司里处于底层的位置，根本没有人会在意他。马丁每天都默默无闻地工作，却看不到希望，不知道自己何时才能出人头地。

一天乘坐电梯时，马丁意外地遇到了高层领导。虽然对方不认识马丁，但是马丁却认识对方。因此，马丁马上对高层领导进行自我介绍，说：“您好，张总。我是企划部的马丁，刚刚进入公司三个月。我很擅长讲英语，我知道您是英国剑桥留学归来的高材生。我觉得公司的工作氛围很好，而且也很适合我们年轻人发展……”乘坐电梯的时间很短，但是马丁却说出了自己的优势和在工作上的目标，这使高层领导对他不由得刮目相看。在给领导留下印象后，对于马丁的发展显然有很大的好处。有一次，公司准备派几个人去国外学习经验，马丁因为英语能力突出被作为候选人，该领导看到马丁的名字不由得想起马丁的模样，因而对马丁有了些许偏爱，通过了对马丁的审核。

显而易见，马丁抓住了宝贵的时间进行自我介绍，从而才能在公司高层领导面前成功展示自己。他很清楚，自己要想从默默无闻，变得有一定的知名度，显然把自己介绍给公司高层领导是很有必要的。为此，他抓住这个千载难逢的好机会，成功介绍了自己。

当然，需要注意的是因为自我介绍的时间很短，所以我们不能妄自菲薄，也不要妄自尊大。倘若我们的语气中透露出狂妄自大的信息，那么他人

一定会对我们感到非常厌烦。与此相反，假如我们妄自菲薄，而他人又对我们自谦的话信以为真，那么我们接下来与他人的交往就会变得很困难，我们也就无法得到他人的认可和肯定。

如何调动现场的热烈气氛

交谈是需要氛围的，假如我们与他人交谈的时候总是瞻前顾后，而且总是出现冷场的情况，那么毋庸置疑，我们与他人的交谈也就无法顺利地进行下去。现实生活中，我们要想更好地与陌生人交谈，必须调动现场热烈的气氛，从而让我们与陌生人的交谈更加顺遂如意。

那么，怎样才能调动现场的热烈气氛呢？首先，我们要真诚友善、充满热情。其次，我们要主动与对方搭讪，让对方感受到我们对于交谈的积极性。最后，我们还要找到合适的话题，最好是找到能让对方感兴趣的话题，这样对方才能对交谈兴致浓郁。

很多从事销售工作的人都知道，如果想要给客户留下好印象，就必须在与客户交谈时调节好气氛，从而让我们与客户的交谈更加和谐融洽。有些销售人员与客户谈话总是单刀直入，直奔主题，这无疑是很不好的。归根结底，我们必须在奔向主题前和客户打好招呼，打开客户的心扉，这样才能让客户倾心与我们交谈。此外，我们还要使气氛变得活跃，这样才能打破僵局，也才能使交谈更加朝着我们预期的方向发展。

很多人都误以为正式的谈判都应是一本正经的。殊不知，谈话必须先调整好氛围，才能更好地进行下去。如果不是非正式的商务谈判，我们完全可

以从很多小的事情着手，从而帮助我们与他人之间进行良好的互动，也使得气氛变得轻松自如，交谈自然会水到渠成。此外，我们还可以与陌生人说起我们的糗事，甚至暴露我们的缺点和小小不足，这样他们自然会对我们的情况有更加深入的了解，也会对我们敞开心扉。

有段时间，马姐发现办公室里新来的小李总是一个人呆呆地坐在工位上，不知道做什么才好。对此，马姐很着急，因为她是办公室主任，希望办公室里的每个人都能开开心心地工作，从而实现高效率地工作效益。

一天下班后，马姐也磨磨蹭蹭地没有及时下班。同在办公室里的，还有小李。小李看到马姐还没回家，因而问："马姐，你怎么还没下班？"马姐故作烦恼地说："别提了，我可不愿意回家。我家老公三天两头出差，孩子也在他爷爷、奶奶家，我自己回去无聊死了。这些男人真是过分，一旦出差连家都不想回了，为此我不知道和他吵过多少次！"看到马姐自暴家丑，小李也有些难过地说："其实，我最近也在和老公吵架。他的工作总是需要驻外，我想让他换份工作，他却不肯。但是你看看我都三十多岁了，到现在连孩子都不敢生，他不在家，我一个人怎么带孩子呢？！"说完，小李的眼圈都红了。就这样，她和马姐打开了话匣子，她们异口同声地控诉各自的老公，渐渐地关系越来越亲近。后来，马姐和小李成为了很好的朋友。

马姐之所以能够打开小李的心扉，就是因为她先自暴家丑。所以，小李在感受到马姐的真诚和坦率之后，也主动敞开心扉向马姐诉苦。这样一来，两个彼此知道秘密的人自然能成为好朋友，彼此真诚相待，关系也越走越近。

总而言之，要想让交谈现场的气氛持续升温，我们最重要的就是要与对方拉近心与心的距离，这样才能彼此信任，彼此亲近，我们与他人之间的交谈才会变得更加和谐融洽。很多人在交谈的过程中，也会巧妙地找到自己与他人的共同点，从而拉近自己与他人之间的距离。不管用哪种方法，只要能够达到目的，就是好方法。

要知道，人总是不愿意听他人自我炫耀或者夸夸其谈的，反而很喜欢听到他人不如意或者不光彩的事情，从而让自己显得很有优越感，也易对对方产生亲近感。因而我们如果能够适当地向他人暴露自身的小弱点，也比较能够与他人拉近距离、友好相处。总之，我们必须营造良好的交谈氛围，才能与他人之间更加和谐友好，也才能与他人之间形成良好的互动。

逆向思维，从结论开始交谈

很多时候，我们为了能说服他人需绞尽脑汁，却没有想到推理有正向的，也有逆向的。正像很多商务汇报会先说结果，然后逆向反推过程一样，我们日常生活中与他人交谈时，为了达到预期的交谈效果，也可以先从结论说起，然后再阐述事情的前因后果。这样一来，就像写作文的倒叙一样，我们就能成功地激发听众的兴趣，从而使听众始终对我们的交谈兴致盎然。

在谈判场合中，谈判高手也会使用这种方法。有很多人觉得在谈话步入主题之前要进行各种铺垫和阐述，等到气氛正好时再切入主题，实际上假如我们面对的是一个做事果断的人，那么我们就会因此错失良机。从结论谈起则完全没有这方面的苦恼，因为我们可以先说出结论，吸引对方的注意力，然后让对方迫不及待地想要听我们谈起事情的缘由。从心理学的角度而言，这就是能让人耳目一新的逆向思维法。

作为一名广告策划公司的推销员，马波每次在推销本公司的策划方案

时，不是被客户挂断电话，就是被客户拒之门外。马波虽然也很勤奋，但是在这样的工作状态下却始终没有得到良好的效果，而且也没有任何业绩。

有一天，该公司的销售主管特意听了马波打电话的全过程。在电话里，马波对客户说："您好，张先生，我是××公司的业务代表。我们公司在整个行业领域内都是遥遥领先的，我们也刚刚进行了××××公司的广告策划并大获成功。我作为公司的销售代表，得知贵公司正在筹备……"在步入正题之前，马波说了很多介绍公司的话，也简单介绍了自己，但是不等他步入正题，对方就因为听得不耐烦而挂断了他的电话。毫无疑问，马波的推销失败了。看着马波沮丧的样子，该销售主管说："马波，你说得太啰唆了，为何不先切入主题呢？"说完，销售主管开始给另一个有广告策划需求的公司打电话，电话刚刚被对方接起，他就说："您好，刘总！我是××广告公司的杜威。听说贵公司需要广告策划，我们公司的广告策划能够给你们带来巨大的利润，也能使你们在行业内崛起……"说完这番话之后，销售主管果然得到了对方的问询："哦，说来听听，你们公司的广告策划真的有这么神奇吗？"这样，销售主管就有充分的时间开始介绍自己的公司以及自己，还向该客户推销了很多成功的广告策划方案。毫无疑问，这样一个电话打下来，对方已经对该销售主管充满兴趣了。

恰到好处的搭讪和寒暄当然重要，但是更重要的是，我们要让谈话能继续下去。毕竟刚开始我们与陌生人的接触时间是有限的，如果不能在最短的时间内给对方留下好印象，那么对方就会不愿意与我们继续接触和寒暄下去。这样一来，我们自然无法顺利达成目的。

时间是人类最宝贵的资源，对于任何人而言，生命短暂而又宝贵，我们唯有更好地节省时间，才能有效地延长生命。很多时候，我们如果从结论谈起，就能牢牢地吸引对方的注意力，也会使我们与他人的交谈更加顺利地进行下去。其实逆向思维用在生活和工作中的很多地方都会起到良好的效果，包括用在谈话中，也会让人有耳目一新的感觉。假如我们与陌生人交谈时能成功地运用逆向思维，那么一定能给人以耳目一新、欲罢不能的感觉。

让你的有效信息牢牢地吸引听众的耳朵

如果一个人说的都是废话，那么肯定没有人愿意听他继续说下去。因而，要想成功地吸引他人听下去，我们除了要控制好声调和语速、营造良好的交谈氛围外，还要以有效信息来牢牢吸引听众的耳朵。当然，对于不同的人而言，有效信息是不一样的。例如，对于去买菜的大爷、大妈而言，有效信息就是菜价值多少钱，菜是否新鲜；对于孩子而言，他们最喜欢听别人夸赞他们的话，也想知道哪个游乐场更好玩儿；对于职场人士而言，负责人力资源的人喜欢听取关于人力资源的有效信息，负责销售的人喜欢听与销售相关的有效信息。总而言之，对于不同的人以及对于正在处理不同事物的同一个人而言，有效信息都是不一样的。

也许有些朋友会说："如果我们初次和人见面，那么我们根本不知道对方对哪些事情感兴趣，也不知道对方到底觉得哪些信息对他是有效信息啊！"的确，除了提前了解陌生人的相关资料之外，我们无法得知关于陌生人的详细事情。但是，在和陌生人交谈的过程中，我们可以细致地观察陌生人的言谈举止，更加深入地了解陌生人。例如，人们在听到自己感兴趣的话题和不感兴趣的话题时，表现是截然不同的；再如，人们在听到有效信息和无效信息时，也是表现不同的。因而在交谈过程中，我们要想使谈话顺利进

行下去，就必须具备察言观色的能力，更加细致入微地观察对方的表情。当然，这样的体察能力并非是天生就有的，所以不要担心自己不够认真仔细，只要后天多加练习，你就会具备这样的能力，而且使自己得到良好的发展。

正在读大四的小严和大多数同学一样，最近正在为找工作四处奔波。小严参加了很多次面试，但是每次都觉得面试官对于自己的话丝毫不感兴趣。如在面试时，小严自我介绍说："我是××大学毕业的大学生，我很擅长英语，也有着满腔的热情……"小严说完之后，面试官只是面无表情地看看他，就又会低下头去看档案，最终音信全无。

对于面试的窘境，小严在进行用心地分析之后才发现，也许是自己的介绍过于平实，所以根本无法引起面试官的兴趣。为此，小严改变思路，不在面试时平铺直叙地做自我介绍，而是努力谈及面试官感兴趣的话题。如小严对面试官说："您好，我是您未来的同事，我坚信我一定可以做到这一点，所以我从现在开始就会努力与您友好相处。"面试官听到这句话，马上就会把低垂着的头抬起来，仔细打量小严后问："哦！你为什么会这么说？你就这么自信？"接下来小严再侃侃而谈，他的每句话每个字都能进入面试官的耳朵里。果不其然，几次面试之后，小严对于面试过程完全适应了，而且只面试了几次，就为自己找到了合适的工作。

面试官在一天的时间里往往要面试很多人，而且有很多负责面试的人力资源人员每天的工作就是负责筛选简历、面试。可想而知，他们对于求职者花样百出的简历已经产生了审美疲劳，对于每个面试时表现千篇一律的面试者，也已经完全麻木。在这种情况下，我们如果不改变面试的方式，哪怕发表长篇大论、侃侃而谈，也根本无法吸引面试官的注意力。意识到这一点后，小严马上调整了思路，改变自己之前的说话方式，从而在之后的面试时能成功吸引面试官的注意力，也使得自己接下来的自我介绍都能一字不漏地进入面试官的耳朵里。

就像每个人买东西都是有目标的一样，每个人在交谈中也是有诉求的。人们想通过语言表达来传递自己的信息，同时收集更多的信息。因而作为发言者，我们要想引起听众的注意和重视，就必须以有效信息牢牢吸引听众的注意力，才能让听众对我们即将要谈的话题抱有浓厚的兴趣。

传递那些使人印象深刻的信息

很多人即便与人交谈时说了很多话，也无法取得自己想要的效果。究其原因，是因为他们缺乏有效的表达能力，因而虽然说起话来滔滔不绝、口若悬河，但是却全都没有说到点子上，这样一来别人必然会对他们的话感到丈二和尚摸不着头脑，也就会对与他们沟通彻底失去兴趣。

在面试员工的过程中，招聘者除了考察应聘者各方面的能力之外，更会对应聘者的语言表达能力非常重视。现代职场哪怕我们不是专业的讲师或者从事推销工作，也依然需要表达和沟通能力，即与人交流的能力。试想，假如招聘者根本听不懂应聘者在说什么，他还敢聘用这位应聘者吗？从这个角度而言，能够成功表达自己的意思，与人顺畅的交流，对于人生的职业生涯发展也是至关重要的。

很多人之所以说话艰难、晦涩，让人根本听不懂，也许是因为他们自身的表达能力欠缺，也许是因为他们过于重视他人的反应，所以才会导致自己完全打乱了谈话的思路。毋庸置疑，每个人在表达的时候都渴望他人能够清楚自己的意见和观点，也希望他人对于自身是怎样的人有准确的了解。正因

为如此，他们才过于重视听话者的反应，然而说者滔滔不绝，听者根本没有足够的时间理解说话者的每句话。在这种情况下，听者会露出茫然的神情，说话者则会因此思绪混乱，导致说起话来毫无头绪。其实，说话的多少和花费时间的长短都并非是最重要的，最重要的是要在说话过程中留下最重要的信息，也是最便于听者记忆的信息。这样，听者才能完全听懂我们的话。当然，这里还要避免一个误区，即有些人觉得只有言简意赅的话才是方便让人记忆的。其实不然！很多时候言简意赅的话因为过于抽象，反而不容易让人记住，反倒是那些生动形象的话，就算是有些长，也能更让人便于记忆。

最近，爸爸、妈妈正在逼着青青相亲。的确，青青已经过30岁了，在她父母眼中女孩子过了30岁再不结婚，就会成为标准的剩女。为此，盼着青青早日结婚的爸爸、妈妈再也沉不住气了，于是一到周六、周日就逼着青青去相亲。看到爸爸、妈妈着急的样子，虽然青青发自内心地抵触相亲，却也不得不去相亲。

周五晚上，青青的大姨来到青青家，拿出一张男人的照片。照片上的男人看起来还不错，长得中规中矩。青青不讨厌，因而问大姨："大姨，他人怎么样啊？"大姨笑着说："他呀，非常优秀，还是海归呢！"青青显然对大姨的回答很不满意："大姨，既然他是你的同事，你就不能跟我说得更加详细些吗？"大姨明显感觉到青青对对方感兴趣，因而更加仔细地说，"他35岁了，目测身高一米八以上，长得浓眉大眼的。他总是笑眯眯的，头发每天都干净清爽，从不像有些男人那样油腻腻、脏兮兮的。他穿的衣服也很干净，最重要的是他说话温文尔雅，我保证你肯定会满意的。"听了大姨的这番描述，青青情不自禁地在脑海中勾勒出对方的样子，甚至对于次日的约会有点儿期待了。

毫无疑问，青青的大姨第一次对男方的描述过于简单，虽然很精练，但是却因为过于抽象，无法给青青留下具体的印象。在第二次介绍时，大姨的描述明显更加详细，而且绘声绘色，青青很快就在心里勾勒出对方的样子，因而给青青留下了深刻的印象。毫无疑问，青青的大姨第二次用来描述那个男人的语言，就是能够帮助青青有效记忆的语言。

在与他人交流的过程中，每个人都希望自己说出的话能给他人留下深刻的印象。然而，要想让语言深深地刻在他人的心底是有技巧的，即尽量少说抽象的话，而是要把话说得生动形象，尽量少使用抽象、难懂的词语，而要把自己的亲身感受更加详尽具体地描述出来，这样他人才能深刻理解我们的话，也才能更加牢记我们所说的语言。

面对陌生人，也能有话可说

面对陌生人，人们之所以总是沉默，更不愿意主动和陌生人打招呼，最重要的原因就是不知道该与陌生人说些什么。不管是搭讪也好，还是寒暄也罢，我们的确只有找到恰当的话题，才能成功与陌生人展开交谈。

大多数人都觉得与陌生人无话可说，实际上和陌生人可说的话题非常多。尤其是在我们已经鼓足勇气和陌生人打过招呼之后，就更要及时找到合适的话题，才能与陌生人相谈甚欢，从而避免面面相觑、无话可说的尴尬与难堪。

英国常年阴雨连绵，因而英国人一见面就会谈论天气。其实，就算是在中国，我们也同样可以谈论天气。尤其是现在雾霾天这么严重，人们在一起彼此抱怨一通，也能相互安慰一下，瞬间就能拉近彼此的关系。其次，还可

以谈论彼此的兴趣爱好、时下的热点新闻、旅游景点和攻略，以及彼此之间共同的朋友等。这些都是很好的交谈话题。另外，每个人的存在都无法脱离家庭，都要依托于家庭，现代社会人们都更加关注养生和健康，这也是不错的交谈话题。可以说，衣食住行、生活、工作，以及学习，都是可以谈论的话题。只要我们能想到的话题，除了隐私或者涉及宗教信仰的问题之外，都是可以谈论的。

当然，擅长交流的人不会直截了当地生硬谈论这些问题，而是会委婉地引导对方，让大家对所要谈的问题产生更多的兴趣。例如，他们不会说，“我们来谈谈天气吧！”，而是会说，“最近雾霾散了，天气不错，您觉得呢？”这样一来，对方如果想要与你交谈，必然会侃侃而谈，你只要注意随声附和，激起对方的谈兴就好了。

还需要注意的是，在与陌生人交谈时，要尽量使用开放式的提问方式，而不要总是使用封闭式的提问或者选择性的提问方式。和开放式提问方式相比，封闭式提问方式和选择性提问方式往往没有发挥的空间，很容易使问题到此为止，就此终结，因而你也就成了话题的终结者。

当然，每个人都喜欢谈论自己感兴趣的话题，如果我们能够找到陌生人感兴趣的话题，并且由此引申下去，陌生人一定会侃侃而谈。很多原本性格内向的人，一听到感兴趣的话题，马上就会变得神采奕奕，而且说起话来滔滔不绝。朋友们，只要你们想与陌生人交谈，你们总是能够找到合适的话题，从而与陌生人相谈甚欢，当然，前提是你们要会察言观色，找到最佳的话题啊！

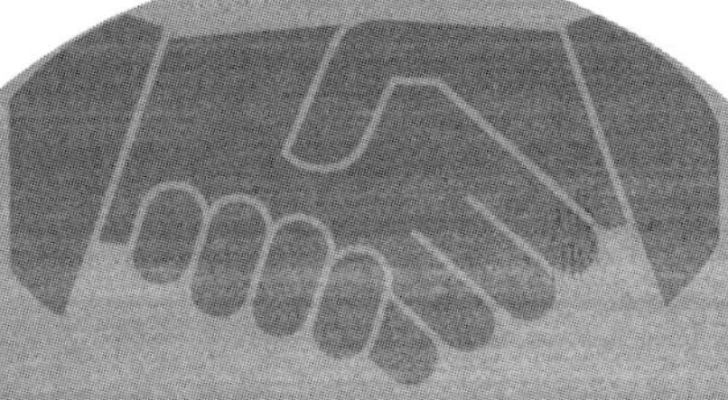

第 06 章

聊天的基本话题，能让陌生人之间也不会无话可说

与人聊天时，最尴尬的情况莫过于彼此之间无话可说，陷入难堪的沉默之中。假如我们能够掌握聊天的技巧，从而保证与陌生人交流始终有话可说，那么我们与陌生人聊天一定会更加和谐融洽，从而让他们谈起话来意犹未尽。也许有人会说聊天是件很简单的事情，只要不停地说就可以了，然而偏偏很多人在聊天中都会觉得思维短路，一时之间语结，根本无法想到合适的话题，为了避免这种尴尬的情况发生，我们必须找到一些基本的聊天话题，从而在遇到陌生人时才不会出现冷场的情况。

展现困惑，也许反而能够畅谈无阻

生活中不如意之事十之八九。在生活中，每个人都不可能一帆风顺，都会面临很多困惑。这些困惑说大可大，说小可小，有的时候看似仅关系到眼前很小的利益，但是事实上却会影响人一生的命运。人的心思是很难以捉摸的，所以人们才会用海底针来形容人心。

在与陌生人交谈时，我们因为与陌生人互相不了解，因而都不愿意率先敞开心扉。实际上，当我们先表现出内心的困惑，那么陌生人一定会感受到我们的坦诚，因而对我们以真诚相待。尤其是很多困惑是每个人都有的，说不定陌生人与我们还有同感呢，这样我们与陌生人的交谈就会更加顺畅。

最近，丁曼刚刚学会在淘宝上购物，因而觉得很新奇。有一天，她无意间在网上遇到老同学菁菁，因而问菁菁："菁菁，你会在淘宝购物吗？"菁菁毫不迟疑地点点头，说："当然，我可是淘宝星级买家呢！淘宝上可以买到很多东西，就算只坐在家里点点鼠标，我们也可以随心所欲地买东西，更可以吃到世界各地的美食。"丁曼艳羡不已，称赞菁菁："看看，你到底是在大城市工作的人，和我们这些小地方当老师的人就是不一样。和你一比，我可真成土老帽了。你说说，我可以买点儿什么东西呢？我想了好几天，也

不知道自己该买些什么。”菁菁笑着告诉丁曼：“只要你能想到的，都可以买到的，吃的、穿的、喝的、用的，各种冷冻的食物和保鲜的食品。就算你想吃世界各地的美食，也都可以买到。”

听完菁菁的话，丁曼点点头，说：“那我先给孩子买身衣服试试吧。其他的还不太敢尝试，我等收到衣服心里就有底了。”菁菁还告诉丁曼：“给孩子买衣服，一定要选天猫卖家，因为淘宝的东西良莠不齐。此外，还要买有运费险的，这样万一不合适，还能免费退货。”“什么是天猫卖家？”丁曼迫不及待地问，“另外，什么是运费险？”就这样，丁曼和菁菁相谈甚欢，而菁菁这个资深淘宝买家也好好地给丁曼上了一课。虽然她们上学期间并非关系亲密的好朋友，但是现在在网络上偶遇，反而成了很亲密的好朋友。

丁曼之所以能够激发起菁菁的谈兴，就是因为她表现出了自己心中的困惑，而菁菁恰恰对丁曼的困惑曾经感同身受。就这样，在学校期间关系比较疏远的两个人，因为丁曼的困惑反而走到了一起，也成功地变得亲密起来。作为资深网购专家，菁菁给了丁曼很多中肯的建议，而丁曼也愿意不断地学习，不断地进步。

现实生活中，每个人都会面临形形色色的困惑。很多带孩子的妈妈一旦聚集到一起，针对养育孩子过程中遇到的困难，她们总是有着说不完的话，而且还会敞开心扉一起探讨教养难题。很多家庭主妇也会在一起切磋厨艺、交流厨艺，或者是谈谈理财心经。总而言之，只要愿意说，只要有着共同的困惑，或者以自己的困惑请教他人，就能够打开他人的话匣子，从而与他人熟悉起来，也能让彼此的交谈更加顺畅。

多和那些看似悠闲的人聊天

很多人都因为自己不擅长说话或者不能与他人顺畅地聊天而感到困惑，甚至感到苦恼。的确，现代社会中人际关系已被提升到前所未有的高度，沟通能力也成为现代人最重要的能力之一，对人们的生活和工作都会产生巨大的影响。对于一个拥有沟通能力，且总是能与形形色色的人建立友好关系的人而言，多个朋友多条路，丰富的人脉资源使得他们在人际交往中如鱼得水，自然生活和工作中的很多事情都会变得更加容易解决。与此相反，假如一个人总是不知道如何与人交流，导致自我封闭且信息闭塞，也会变得非常被动，甚至会与很多机会都失之交臂。

其实，聊天的能力并非是天生的，很多人之所以变得健谈，与任何人都能聊得来，都是后天培养出来的。当然，也许有些朋友觉得自己一旦说错话，就会在工作上出现漏洞。实际上，条条大路通罗马，我们未必要拿至关重要的客户练手，而是可以先与无关紧要的人交流，从而提升自己的聊天能力。

现实生活中，除了行色匆匆的上班族之外，有很多看似悠闲的人，诸如带孩子的妈妈，退休的老大爷、老大妈，还有那些整日遛狗的人。不得不说，他们都是很悠闲的。闲得发慌的他们当然愿意有人陪他们聊天，而我们又恰恰需要与人聊天，因此我们完全可以找到机会和他们聊天，从而提升自我的沟通能力。

大学毕业后，张猛进入一家保险公司推销保险，美其名曰为保险代理人。然而，张猛生性腼腆，性格内向，毫无人脉资源的他每次去拜访陌生客户，总是没有任何收获。看到张猛的工作毫无进展，他的师傅林伟不由

得着急了。毕竟公司对于试用期间的人员是有规定的，况且张猛没有业绩，也很难养活自己。思来想去，林伟决定给张猛放假一个星期，让他去各种人流密集的场合找陌生人聊天。对于林伟的做法，张猛有些困惑：“我和同学聊天行不行，为何非要找陌生人聊天呢？”林伟斩钉截铁地说：“你必须找陌生人聊天，因为你到时候面对的客户都是陌生人，而不是你的同学。”

张猛对林伟的话半信半疑，但是既然师傅发话了，他就只能照办。为此，他用了整整一个星期的时间四处找人聊天，不管是遛狗的大爷、大妈，还是带孩子的年轻妈妈，都是他搭讪的对象。有的时候，张猛还站在大街上，随便拉住一个人聊天呢。渐渐地，他从胆小羞涩，变得胆大果敢，再也不见人就脸红了。经过一个星期的历练，张猛回到公司后如同变了一个人一般。他再和客户交谈的时候，哪怕遭到拒绝也能坦然自若，也不怕和客户没有话题可聊了。也许是因为与大爷、大妈聊天聊得多了，他总是能够信手拈来很多接地气的话题，从而与客户相谈甚欢。一段时间之后，张猛成功地签订了他职业生涯中的第一份保险合同，接下来他越发如鱼得水，把工作做得风生水起。

忙碌的人当然没有时间陪着我们聊天，但是那些悠闲的人却恰恰需要有人陪着聊天。既然人与人之间需要互利互惠，我们为何不抓住这个机会和那些悠闲的人聊天呢？这样一来，我们既消除了他人的寂寞和孤独，又成功提升了自己的语言表达能力，还能间接帮助我们在工作和生活中有更好的表现，可谓一举数得。

只要努力锻炼和提升，任何能力都是可以在后天培养和不断完善的。当然，聊天能力也是如此。只要我们主动寻找聊天对象，积极主动地和他们搭讪或者寒暄，那么我们的聊天能力就会不断提高，我们的社交能力也会越来越强。等到我们在社交中如鱼得水时，只怕我们见人就能聊起来，而且再也不知道什么是怯场了。

亲近的关系，可从一个美味的零食开始

人与人之间最遥远的距离，不是相距在地球的两端，而是虽然近在咫尺，心与心却相距万里。然而，心与心之间的距离也并非像我们想象中的那么遥远，很多时候，只需要一个小小的美味零食，我们就能拉近与他人的距离，从而做到与他人惺惺相惜、相见恨晚。

经常看影视剧的朋友们会发现，坏人想要接近孩子，都会拿出花花绿绿的糖果或者零食，这样轻而易举就能诱惑孩子离开其父母的身边，跟随他们走远。的确，孩子很纯真，也没有心计，更容易被人欺骗。但是因此我们也能从中看出小零食的强大魅力。其实不管是小孩子还是成人，都会对零食情有独钟。人们常说，“吃人的嘴软，拿人的手短”，这句话简直是至理名言。很多时候，我们一旦得到他人哪怕是小小的恩惠，就会在他人面前觉得理亏，也会心甘情愿地与他人交好。虽然我们不能像坏人一样去诱拐孩子，但是我们却可以让零食派上正当的用场，即用零食来收买人心，堵住他人的嘴巴，让他人嘴软手短。这样一来，我们与他人自然会关系亲近，而且也能与他人友好相处。

现实生活中，有的人喜欢吃零食，有的人不喜欢吃零食。很多女孩儿喜欢随身携带零食，从而时不时地吃一些，但是有的人却不喜欢吃零食。其实，不管是否喜欢吃零食，我们都可以随身携带一些小零食，包括男生在

内，也可以带着零食给那些需要的人吃，这样无形中就能拉近与他人之间的距离，也使得我们与他人的交往更加顺利。

大学毕业后，小马进入一家公司当推销员，主要负责推销办公用品。当然，小马刚刚大学毕业，既没有关系，也没有人脉资源，因而只能每天拎着公司的样品四处奔波，向写字楼里的各家公司推销。

可以想象，小马最初的推销工作并不顺利。但是小马并不气馁，依然每天都辛苦地拎着样品四处推销。一天中午，小马来到一家写字楼里，正当他准备向前台客服人员推销办公用品时，前台客服人员突然对身边的同事说：“哎呀，我突然有些低血糖，头犯晕了。”这时，小马突然从背包里取出一袋巧克力递给前台的客服人员，说：“低血糖容易头晕，尽快吃吧！”前台的客服人员可能的确觉得心慌气短，因此赶紧吃了一块巧克力。她很快就觉得舒服些了，所以对着小马笑了笑。这个时候，小马恰到好处地拿出自己的办公用品，并且说先给前台试用，如好用再合作。前台的客服人员当然对这个拯救了自己的小马颇有好感，因此她当即同意小马的方案，并且在试用之后对上司多多夸赞了他们公司的办公用品。可想而知，小马凭着一袋巧克力，终于打开了自己工作中的僵局。最有趣的是，他后来还和前台的客服人员成为了好朋友，最终变成了情侣。

很多人觉得男人爱吃零食，或者随身带着零食是很可笑的事情。其实不然，每个人都需要靠吃东西来维持体力，男人又不是超人，为何不能随身携带零食充饥呢？最关键的是，如果男人在适当的时候把零食贡献给他人，不但会瞬间拉近自己与他人之间的关系，而且还会让自己得到他人的认可和赞许，从而使自己与他人的交往顺遂如意。

朋友们，人与人之间的距离说近就近，说远就远。要想与他人拉近距离，瞬间与他人变得熟悉起来，不如先贿赂他人的嘴巴，哪怕没有达到预期的目的，他人在吃了我们的东西之后也就不会故意刁难我们了。我们必须相信，只要我们足够大方，愿意付出，相信一定能够得到更多的朋友，也会得到朋友的倾心相待。

从谈论第三者的言论，引发各自的见解

很多人在与陌生人交流的时候，总是不知道该说些什么话题。前文我们列举了一些基础话题，实际上如果实在无话可说，也可以从第三者的言论发表见解，由此引发讨论。常言道，“谁人背后无人说，谁人背后不说人”。虽然背后议论别人是不好的事情，但是我们可以以第三者的言论作为切入点，从扯闲篇开始与他人交谈，各抒己见，并非是在背后议论他人的长短，也根本不涉及道德问题。

毫无疑问，第三者说了什么对于我们其实无关紧要，我们最重要的是以第三者的话作为切入点，而不是与第三者所说的话较真或者是深入挖掘其含义。每个人在背后都难免会议论他人，尤其是当第三者说的话与我们不相干的情况下，我们也就更加能够放松交谈、各抒己见了。退一步而言，就算第三者说的话真的和我们有关系，只要我们能够做到自我解嘲，或者自我调侃，也能够成功化解尴尬，从而使我们与陌生人之间展开轻松愉悦的交谈。

现实生活中，很多人都特别在乎他人对自己的评价。每个人都很忌讳他人在背后说自己不好，还会因此变得神情沮丧、灰心绝望。与此恰恰相反，假如我们能够从谈话对象的口中听到第三者对我们的赞美，那么我们一定会沾沾自喜，甚至喜不自胜。当然，我们也可以是那个说出第三者的赞美给他

人听的人，所谓“赠人玫瑰，手有余香”，虽然赞美他人的并不是我们，但是我们却是赞美的使者，因而他人也会对我们心怀感激。

大学毕业后，豆豆留在大学校园里当了一名教学辅导员，当然，那些资历很深的大学教授们都对豆豆不以为然。毕竟豆豆刚刚从大学毕业，而且还没有走出校园，对于豆豆而言也只不过是转换了角色，其实每天的生活还和之前差不多。

很多老师都觉得豆豆还是个黄毛丫头，因而对豆豆总是低看一眼。豆豆呢，突然和以前的老师坐在一起办公，也有很多地方不适应。为此，她决定先发制人，先站稳脚跟，再慢慢谋求发展。一天中午，豆豆故意在与办公室主任张老师要好的乔老师面前说：“乔老师，整个办公室我最佩服的人就是张主任。看看，学生有那么多的问题，他都能一一解决，而且还能让学生对他竖起大拇指。近来我当了辅导员，才知道学生工作是多么难做，尤其是现在的大学生太有主见，很难降服。尤其是张主任说，‘我必须要经过十年的历练，才能真正做好学生工作’。对了乔老师，您以前也当过辅导员，有什么真经可以传授给我吗？万分感谢啊！”突然听到豆豆的话，乔老师笑着说：“哈哈，学生工作的确难做，但是未必需要十年。曾经张主任也这么说过我，只可惜我只当了几年的辅导员就考研，毕业后留校任教了。”豆豆马上表现出对乔老师的崇拜说：“乔老师，您太厉害了，我要向您学习。要是我也能像您一样就好了。”就这样，豆豆和乔老师相谈甚欢。后来，乔老师无意间和张主任说起豆豆对他的仰慕之情，张主任对豆豆也有了好印象，还时常特意关照豆豆呢！

豆豆可谓一箭双雕，她在同样当过辅导员的乔老师面前说起张主任说的话，引起了乔老师的共鸣，所以和乔老师相谈甚欢。她又当着乔老师的面说张主任好，这样当张主任得知豆豆在背后赞美他后，自然也对豆豆心生好感。

每一位学生一旦从大学校园里毕业，走上社会，就会发现人生突然变得不同了。人与人之间的关系非常复杂，有的时候一句漫不经心的话，就有可能使人心中产生微妙的改变。所以作为职场人士一定要谨言慎行，也要尽量与他人搞好关系。如果一时之间找不到合适的话题可以交谈，以第三者的言论作为切入点，也是个不错的选择。

用餐时，要说些轻松的话题以愉悦心情

人活在这个世界上，也许有很多事情都不必做，但是有一件事情却是人人都要做的，那就是吃饭。吃饭说得文雅些，叫用餐。尤其是中国作为泱泱大国，有着几千年的悠久历史，更会把饮食作为一种文化发扬光大。

现代社会，人们的生活水平越来越高，对于饮食也越发讲究——更加精细。从茹毛饮血的类人猿，到今日拥有高度文明的人类社会，人的发展并非三言两语就能概括全的。现代社会流行酒桌文化，很多人都意识到唯有在酒桌上把酒喝好，把感情沟通好，接下来的事情才能办理得更加顺畅。殊不知，除美酒、美食之外，用餐时更需要好言好语佐餐。否则，一旦说错了话做错了事情，哪怕食物再怎么美味，也很难使人保持愉悦的心情和良好的食欲。

现代社会，人们的生活节奏越来越快，工作压力越来越大，很多人一日三餐中只有一餐能踏踏实实地坐在家里，陪着家人一起享用。其实，西方国家虽然很开放，但是也同样重视饮食。很多西方家庭为了保持良好的家庭

气氛，都规定家庭成员每周必须有几天的时间一起用餐，从而使家庭成员能更加融洽地相处。不过，在这方面中国的家庭却做得不够好，需要向西方国家的家庭学习。对于大多数忙碌的中国家庭而言，晚餐是唯一全家人能够安安稳稳地坐在一起吃饭的时候。因而，在享用晚餐时，很多父母都会借机询问孩子一天的学习情况，遇到不满的事，还会毫不客气地训斥孩子。如此一来，孩子们如何能够拥有愉快轻松的晚餐时光呢？！而且因为精神和身体上的紧张，孩子们还会消化不良，影响身体健康，可谓是得不偿失。

当然，不仅是儿童进餐时心情不愉悦会影响食欲和身体健康，就算成人进餐的时候，也要保持愉悦的心情，尤其不要说那些惹人不高兴的话，否则就会变得郁郁寡欢，影响消化功能。

这次期中考试，萌萌因为失误，数学成绩考得并不好。当晚回到家里，她妈妈一边吃饭一边问萌萌考试的情况，当听说萌萌考试成绩下滑了十几名，她妈妈不由得火冒三丈：“你是怎么搞的，最近是不是又心不在焉了！真不知道你的脑子里成天想的是什么，人家学习成绩都是越来越好，唯独你的学习成绩次次下滑，我看你离倒数也不远了。”她妈妈的话使得萌萌的眼睛里瞬间噙满了泪水。她不知道如何回答妈妈的话，但是她真的很想告诉妈妈她已经尽力了。

看到萌萌的眼泪，她妈妈更生气了，喊道：“别哭了，把眼泪憋回去，别影响我们吃饭的心情。”就这样，萌萌强忍住眼泪，根本不敢大声哭出来。她憋屈地吃完饭，很快就感到胃疼不止。实在忍不住了才告诉妈妈自己胃疼，妈妈不知原因，赶紧带着萌萌去医院。经过一系列的检查之后，医生发现萌萌的胃部根本没有什么异常，因而详细询问了萌萌吃饭时的情况。当得知她妈妈一边吃饭一边批评她时，医生才恍然大悟，告诉她妈妈：“您不要在吃饭的时候批评孩子。也许您觉得您的批评并不严重，但是对于孩子而

言却看得很重。这样一来，孩子心思重，心情郁闷，自然会影响胃肠道的消化功能。”她妈妈这才知道吃饭时批评孩子会造成严重的后果，因而当即向医生做了检讨——以后吃饭的时候再也不批评孩子了。

很多家长都会犯这样的毛病，因为早晨时间紧张，没有时间与孩子沟通，又因为中午的时候和孩子不在一起吃饭，所以他们理所当然的把晚餐的时间当成是与孩子沟通的时间。当然，如果沟通很愉快，那也无可厚非，但是假如餐桌上说的都是让人沉闷和不开心的话，那么孩子自然会觉得心里压抑，也会因此导致胃肠道消化不良，甚至产生严重的症状。

古人云，“食不语”。意思就是说在进餐的时候要专心，要保持心态的平静，不要因为心情波动导致消化功能受到影响。毋庸置疑，知道这个道理的人很多，但是能够真正做到的人却少之又少。进餐是维持人类生命的必要手段，一个人如果不吃饭、不喝水，身体很快就会垮掉。所以在进餐的时候我们要怀有神圣的态度，不要觉得吃饭是可以随意和很多事情一起进行的。当然，我们也要记住，除了一道道美味佳肴能够帮助我们佐餐之外，愉悦轻松的交谈，对于我们进餐时拥有好心情也是大有裨益的。因此在餐桌上交谈时，我们必须找到最合适的话题，从而让吃饭的人能保持美好的心情。

选好话题，让交谈更加和谐

曾经有心理学家研究证实，当我们与陌生人交谈时，在最开始的时候聊的都是一些无关紧要的事情，诸如很多不咸不淡的寒暄和客套话、自我介绍，或者是礼节性的问候。等到这几分钟没有实际意义的交谈过后，我们才

开始寻找最合适的话题与对方交谈。然而，这个时候如何继续寒暄或者搭讪时的愉快氛围是至关重要的。很多人与陌生人交往，也许前面的寒暄进展顺利，但是到了后期谈话的时候，反而会因为一时之间找不到合适的话题，导致彼此陷入冷场之中，相对无言。这种尴尬的局面，往往是很多人都无法面对和适应的。

不可否认，愉快的话题对于人们的交谈起到了关键性的作用。一场交谈是否能够愉快进行，主要在于找到轻松的、让彼此都乐意交谈的话题。由此我们不难发现，最合适的交谈话题往往能让交谈双方都觉得非常愉快，也能够为更进一步的交流做好铺垫。与此相反，倘若在聊天一开始就选错了话题，那么即便交谈双方口才再好，也只会导致南辕北辙，事与愿违。古人云，“话不投机半句多”。意思就是说当交谈双方彼此不能相互认可时，每一句话都很难起到预期的效果，也无法使人对交谈饶有兴趣。

现实生活中，我们常常觉得与某个人聊天相见恨晚、相谈甚欢，时间就这样在彼此的欢愉和不知不觉中溜走了，使人无比期待下一次再相聚。但是与有些人的交谈则恰恰相反，话语就像是长出了倒刺一样，使人如鲠在喉，哪怕非常努力，也无法最终让交谈取得圆满的结果。不可否认，除了交谈能力的差距之外，最主要的原因就是能否选择一个好话题。所谓好话题，其实并没有一定之规，只要是交谈双方都喜欢交谈的内容，或者至少是对交谈双方不产生伤害的话题。因而，与选择交谈对象相比，选择合适的话题更加重要。这就像是在走路的时候，只有确定方向，每走一步才能带领我们朝着目标更进一步。如果方向错了，我们跑得越快，只会导致我们距离目标越远。所以选对话题，是拥有和谐、愉快交谈的第一步。

尤其是在与初次见面的陌生人交谈时，我们更应该选对话题。因为熟悉我们的人对我们更了解，哪怕我们说错了话，或者选错了话题，他们也能理解和宽容我们。但是陌生人则不然，他们与我们初次见面，正想借此机会更加深入地了解我们。陌生人对于我们的印象就像是一张白纸，我们给他们留下什么印象，他们就会按照留下的印象去了解我们。因而我们尤其要注意与陌生人交谈时，必须选对话题，从而有助于我们给陌生人留下好印象。

30岁大龄的竹叶如今正在接受家人安排的相亲，几乎每隔几个周末，她都要经历一次相亲约会。遗憾的是，虽然相亲的次数不少，但是她迄今为止仍没有找到合适的男朋友。

这个周末，竹叶又来到一家西餐厅相亲。对方是一名大学老师，已经36岁了，迄今为止仍是单身。仅仅通过这样的简洁信息，竹叶就对对方有点儿感兴趣了，不是有很多女学生爱上老师的吗？这个优秀的男人怎么变成剩男了呢？

见面之后，竹叶发现对方果然文质彬彬，而且看起来温文尔雅，很有学者的气质和风度。显而易见，对方比自己更紧张，意识到这一点后竹叶突然玩心大发，想要逗逗对方。在经过几句寒暄之后，竹叶单刀直入地问对方：“有很多女学生都暗恋自己的老师，你被暗恋过吗？”对方听后脸都红了，马上保证自己绝没有过师生恋。这时，竹叶掉转话题问对方：“那么你觉得男女相爱，年龄是界限吗？诸如翁帆和杨振宁的婚姻，你怎么看？”提到这个话题，作为语文老师的男人开始滔滔不绝、侃侃而谈。从他的谈话中，竹叶意识到他原来是个爱情至上主义者，根本不愿意委曲求全接受不合适的人。看到对方对爱情的态度如此审慎认真，竹叶不由得松了口气，因为她也是个爱情至上主义者。随后的时间里，竹叶和对方进行了很愉快的交谈，甚至天色都晚了，他们还意犹未尽、谈兴正浓，不想就这样分开呢！

显而易见，竹叶找到了一个合适的话题与对方交流，也许这样和谐融洽的交流能让她和对方一见如故，再见也倾心吧。爱情，就是要在对的时间遇到对的人。如果能够在相亲的时候与相亲对象相谈甚欢，那么注定了未来的交往也会非常融洽友好。

初次与陌生人交谈时，我们一定要选择轻松的话题，尽量能给对方带来愉悦的感受。很多人喜欢伪装深沉，哪怕与他人初次见面，也对他人谈起自己对关于生命和宇宙的思考，毋庸置疑这样的话题非常沉重，并非适合和每个人谈起，也未必能够与每个人产生共鸣。在面对陌生人时，我们应该选择大众都喜闻乐见的话题，这样才能营造良好的交谈氛围，从而让我们与对方的交流能更加顺利地展开并深入下去。

话题因人而异，和家庭主妇最好谈生活琐事

常言道，“看菜吃饭，量体裁衣”。在与他人交谈时，哪怕我们交谈能力非常高超，也不能不因人而异。所谓因人而异，是指我们面对不同的交谈对象，应该选择不同的话题。假如我们不分对象就乱选话题，和孩子谈健康养老的问题，和老年人谈期中考试的成绩，那么除了让人觉得啼笑皆非之外，还会被他人误以为是故意刁难，导致人际关系恶化。

当然，每个人都想让自己的谈话得到他人的认可和受到欢迎，要想做到这一点，我们就要时刻记住交谈的根本原则——以人为本，因人而异。归根结底，我们不管多么煞费苦心地圈定交谈的话题，都是为了能成功打动听话者的心，让他们为话所动。所以，我们一定不能舍本逐末，同时也不应该忽略交谈对象的身份、地位和独特的脾气秉性。

生活中，我们的交谈的对象都是人。既然人是我们交谈的对象，也是

唯一不可改变的，那么我们就要做到以人为本，从而才能找到适宜的话题。简而言之，我们面对职业女性，说的话也许要小资和专业一些，但是当我们面对家庭主妇的时候，如果还是满口的专业术语，那么我们的话题就必然要改变，最好说些接地气的生活琐事。举个最简单的例子，假如你想与小区广场上带孩子的年轻妈妈聊天，那么暂且不要和她们聊时装，因为有些妈妈知道时装，有些妈妈则对名牌服装一窍不通。最保险的是和妈妈们聊她们引以为傲的孩子，你会发现她们瞬间就像打开了话匣子，马上就会变得生动健谈起来。

现实生活中，我们经常需要和家庭主妇打交道。假如你是一位职业女性，那么偶尔参加家长会时，或者你休息的时候带孩子去小区广场玩耍时，你就要与家庭主妇们打交道；如果你是一名销售员，那么你也依然要与家庭主妇打交道。因为不管是买常见的生活用品，还是买房子或者车子等大宗商品，家庭主妇的决定权不可小觑。有的时候，你只有搞定家庭主妇，才能顺利达成一单交易，这是不可避免的。所以，你也许会有整套不切实际的话，一旦遇到家庭主妇就要马上把它们收起来，因为家庭主妇不愿意听你吹嘘，她们最想听到的是你踏踏实实、接地气的话语。所以，每当面对家庭主妇的时候，我们就要更加朴实自然，这样才能真正得到家庭主妇的认可与赞许，我们的产品推销就能水到渠成。

也许有些朋友觉得自己作为专业人士，说那些平实而又琐碎的事情未免有些掉架子。其实不然！一名销售人员不管其多么努力地工作，也不管其在工作中采取怎样的方式和手段，最终的目的都是将自己的产品推销出去。但是，实在有太多行业的工作人员都难以避免和家庭主妇打交道。诸如各种儿童兴趣班和培训机构的老师要与妈妈们打交道；医院里的医生也需要与陪伴老人前来就诊的家庭主妇打交道；哪怕是卖房子或者车子的销售人员，也要

与看似默默无闻的家庭主妇打交道等。在很多事情上，家庭主妇的决定权都是无可替代的。要想让很多事情进展顺利，我们就要学会与家庭主妇聊天，也要学会谈论琐碎的事情以征服家庭主妇。

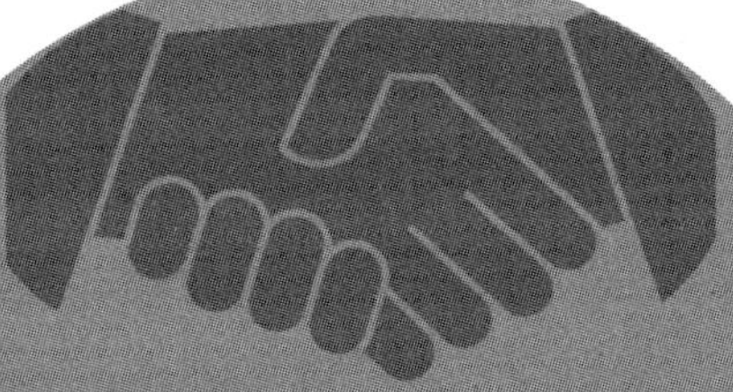

第 07 章

八面玲珑的聊天术，让你跟谁都能聊得来

现实生活中，我们经常需要面对各种各样的人，与他们交流，或者与他们周旋。要想成功地与各种各样的人打交道，我们不但要学会审时度势、察言观色，更要巧舌如簧、八面玲珑。常言道，“到什么山头唱什么歌”，也有人说，“见什么人说什么话”。的确，现代社会人际交往已被提升到前所未有的高度，能够与形形色色的人聊天更是一种难得的能力，会给我们的生活和工作带来极大的帮助。

掌握技巧，成功打开女人的心扉

常言道，“女人心，海底针”。另古人云，“唯女人与小人难养也”。的确，女人的心思是很复杂的，尤其是对于男人而言，女人仿佛是来自外星球的物种，总是让他们无法捉摸，也难以猜透。实际上，细心的人会发现，很多男人都对女人无计可施，也根本不知道如何打开女人的心扉，与女人真诚地沟通和交流。

实际上，女人并非一首歌里唱的那样是老虎，大多数女人还都是比较善解人意的。与女人交往时，只要掌握交谈的技巧，就能够成功打开女人的心扉，也能得到女人的倾心相待。曾经有人以平行线来表现女人和男人之间的关系，意味着女人和男人永远也不会有交集。其实，从心理学的角度而言，女人的确与男人存在很大的区别。例如，男人往往比较擅长理性思维，而女人则比较擅长感性思维；男人很多时候只能一心一用，但是女人却可以一心二用，甚至一心三用；男人比较粗线条，不喜欢斤斤计较，女人则心思细腻，也很敏感，而且很喜欢喋喋不休地抱怨。当然男人和女人的区别不仅仅在于此，还有很多细微的方面。总体而言，女人最不喜欢大男子主义的男人，因为这样的男人不管做什么事情都以自我为中心，很少能够主动为他人，尤其是为女性考虑。女人自然不会愿意与这样的男人交往。所以男性朋友们，如果你们抱怨女人不好相处，那么首先要自我反省一下有没有大男子主义哦！

现代的年轻人，尤其是大城市的年轻人，都很喜欢晚婚。这是因为他们自由散漫惯了，不愿意被婚姻束缚手脚。这不，家里有好几套房子，是个不折不扣的拆迁暴发户的陈佩，就正在接受他姐姐安排的相亲呢。

刚刚见面，陈佩就非常自负地进行自我介绍：“我家有六套房子，真正的千万资产，都是拆迁得的。我爸妈就我这么一个儿子，肯定会把这些房产都给我的。我姐姐嫁得很好，我姐夫是一家企业的负责人，住着大别墅，所以他们根本不会来跟我争财产。当然，我爸妈也不会跟我们一起生活，他们知道婆媳关系难处，早就给自己在郊区农村买了个农家院。不过，这倒是可以成为我们的后勤部门，可为我们提供各种绿色天然食品。你放心，如果需要带孩子，我父母会在我们小区的另一套房子里住，绝对不会影响我们的二人世界……”陈佩侃侃而谈，却没发现对面的女孩儿已经皱起了眉头，似乎对于陈佩所说的话很不屑。女孩儿说：“你一直都在说你家怎么样，但是我想请你明白一个问题，我是在找人生的伴侣，而我是不会和房子或者所谓的财产结婚的。你到底是什么情况啊？”陈佩这才不以为然地补充道：“我嘛，我是一名公交车司机，哎，你可千万别觉得这个工作不体面啊。我每天都开着宝马车去上班，之所以上班，我也并非是为了钱，而是为了消磨时光。”女孩儿这下子完全忍不住了，冷嘲热讽到：“哎呀，既然你家有好多套房子、有豪车，你干吗不和房子、车子过一辈子呢！我想找的是一个能够养活妻儿老小的可靠男人，可不是你这种四不像的拆迁富二代啊！”说完，女孩儿起身离开，只剩下陈佩一个人呆呆地坐在那里。

在这个事例中，原本陈佩找媳妇的条件非常优越，毕竟在城市有房子才能立足，有车子才能腾飞。但是遗憾的是，陈佩炫耀自己的时机完全不对，也使该女孩儿一开始就对他形成了厌恶的印象。的确，正如该女孩儿所说，陈佩误以为所有女孩儿都是拜金女，实际上在这个世界上感情至上的女孩儿还是很多的。假如他能淡定内敛一些，相信能够很容易地找到自己的另一半。

在面对陌生人时，我们一定不要急于求成，尤其是面对陌生的女性，因为我们不知道她们的脾气秉性和喜好，所以更要谨言慎行，不要一开始就自负自满，导致女性对我们印象不好，自然也不愿意继续和我们交谈下去。其实，人与人从人格上来讲是完全平等的，哪怕金钱、权力和地位使得人们之间相差悬殊，我们也要发自内心地尊重他人，平等地对待他人。唯有如此，我们才能更加了解女性，也才能更顺畅地与女性交流。

怀抱赤子之心，助你与孩子聊得开心

虽然沟通的道理都是相通的，但是面对不同的沟通对象时，我们依然要因人而异，才能选择最合适的方法与他人交流。例如，我们面对一个老人时，不能和他谈论变形金刚，而是要和他谈论关于医疗、养老和保健的问题。再如，我们面对一个男人时，如果谈论女人的时装和香水，都是不受欢迎的，唯有谈论汽车，足球之类，才能让男人心花怒放。同样的道理，我们要想与孩子聊得开心，也要针对孩子的性格特点和兴趣爱好，说些孩子感兴趣的话，才能真正与孩子和谐相处。

当然，一味地曲意逢迎孩子未必可取，最重要的是我们要有一颗赤子之心，这样才能与孩子聊得开心。所谓赤子之心，意思是说我们作为成人，早已被社会上各种乱七八糟的现象弄得心神不宁，也很难真正静下心来保持纯真。在这种情况下，假如我们能够怀有一颗赤诚的心，从孩子的角度出发考虑问题，那么我们自然能够与孩子聊到一起去，也能与孩子聊得很开心。要记住，只有赤子之心才是打开孩子心扉的钥匙，也是唯一的解锁密码。

很多成人在遭遇失恋的时候，会神魂颠倒，也许会和孩子说起自己感情上失意事情的。殊不知，如果真的是孩子的父母，是一定不会这么做的，因为养育过孩子的人都知道，由于受年龄和阅历的限制，孩子们根本不会关心这种问题。他们最关心的是动画片《超级飞侠》《熊出没》，如果是女孩儿，也许还会关心动画片《小猪佩奇》《苏菲亚公主》等。因而，和孩子说话一定要用孩子能够听懂的语言，更要说孩子真正关心和感兴趣的话题。细心的人会发现，孩子与孩子之间会相互吸引。哪怕只是才牙牙学语、蹒跚学步的孩子，也会想要跟在其他孩子身后，感受相同的乐趣。

蒙特梭利曾说，“儿童是成人的父”。这句话彻底颠覆了很多成人的观点。大多数成人都觉得自己完全有资格教育和引导孩子，殊不知，成人在渐渐成长的过程中失去了童真与快乐，反倒要依靠儿童的指引才能寻回最初的本真。成人以孩童的眼光看待这个世界不是幼稚，而是保持赤子之心的表现，更是成人身上纯真善良的珍贵品质。现代社会，很多儿童在成人的影响下都在迫不及待地“成长”，殊不知，成人之所以和儿童之间存在着无形的屏障，就是因为成人根本不知道通往儿童心灵的途径。很多成人都习惯于居高临下地对儿童讲话，殊不知，我们只有真正蹲下身体，平视孩子的眼睛，才能与孩子做到真正的平等交流，也才能切实看到孩子眼中的世界。孩子的世界其实是至善至美的，只要我们愿意蹲下来平视孩子，我们就能走入孩子的内心，就能发现孩子眼中的美好。

近来，妈妈因为工作压力大，越来越厌烦有轻微智障的女儿小雅。小雅似乎意识到妈妈对她的不满，每天都怯生生的，根本不敢和妈妈搭讪。有一天，妈妈被老师叫到学校去，原因是小雅的作业没有完成。妈妈怒火中烧，却又不得不在老师面前强颜欢笑。的确，自从小雅的妈妈和丈夫离婚以来她已是心力交瘁，再也没有多余的精力面对生活琐事了。

在回家的路上她妈妈一直都阴沉着脸，小雅自知闯祸了，因而也不敢吭声。回到家里，妈妈气得连饭都没做，就合衣躺在床上昏昏沉沉地睡去。小雅不敢出声，默默地写作业。突然，在她妈妈睡得迷迷糊糊时听到一声低沉的尖叫声。小雅的妈妈猛地坐起来，走到厨房，看到小雅紧张地把手藏在背后。她妈妈一直压抑的愤怒瞬间爆发出来，突然间，她看到小雅的手指被刀割伤了，鲜血正在直流。她妈妈简直要崩溃了，当即带着小雅奔向医院。当时天上飘起了雪花，她妈妈跌跌撞撞地在前面走着，小雅自己捏着手指头止血，跟在妈妈后面。到了医院，清创、缝合，妈妈都没有抱着小雅。虽然回家的时候已经将近午夜，但是妈妈的怒气还是没有消，她想不明白小雅为什么要拿刀子割伤自己的手。终于到家了，小雅又去了厨房。她妈妈这下子再也忍无可忍，怒吼道：“你傻啊！为什么要割伤自己，你是在惩罚我吗？难道我受的惩罚还不够吗？”小雅眼里含着泪水，拿出一个削了一半的苹果，对妈妈说：“妈妈，我看你没有吃饭，想削个苹果给你吃。你工作一天太辛苦了，不吃饭对身体不好。你放心，我这次一定小心。”妈妈听到小雅的话后泪如雨下，原来自己错怪了乖巧可爱的女儿，原来一直以来不懂事的那个人是自己。

如果小雅妈妈能够更多地关心小雅，了解小雅的所思所想，那么也就不会有这样的误解了。很多时候，成人总会先入为主地恶意揣测孩子，导致把孩子往坏里想，却不知道自己的误解已经深深地伤害了孩子的心。然而

孩子是不会记仇的，他们的心始终善良美好，能够净化一切乌烟瘴气。只要成人能够保持平和的心态，看到孩子眼中的纯净世界，就能够与孩子更好地交流。

现实生活中，大多数家庭里都有孩子。在教养孩子的过程中，每一位父母都应该给予孩子足够的耐心和爱心，从而更好地了解和理解孩子。有的时候，我们在工作中也需要与孩子打交道。在这种情况下，我们最好的选择就是放低姿态，从而让自己真正能站在孩子的立场上，从孩子的角度看待和解决问题。当我们能与孩子融洽相处，我们自然会得到孩子的欢迎和热爱。

面试中，如何与领导畅聊不休

人在职场，很多人都特别害怕和领导交流。尤其是在面试场合，因为事先对其并不了解，因而面试者总是战战兢兢，又因为迫切想要得到那份工作，更加不知道该说些什么。其中也有些面试者会因为极度紧张，对于面试的过程非常排斥，恨不得能马上结束面试中的谈话，从而可以结束自己如同梦魇一般的经历。可想而知，这样的人往往很难得到领导的青睐和赏识，人在相处过程中很多情绪都会相互感染，当我们作为面试者排斥面试领导时，该领导也必然会有所觉察，当然也不会对我们留下好印象。

那么，在面试过程中，我们作为职场新人到底如何才能与面试领导侃侃而谈呢？其实，只要我们把该领导当成一个普通人来看待，意识到该领导也是有七情六欲的肉体凡胎，而不是把该领导看得高高在上、高不可攀，并且不把该领导想象成不食人间烟火的神仙，那么我们就能找到面试领导感兴趣的话题，与其侃侃而谈。

我们必须认识到，现代社会在职场上是相互选择的。具体地说，用人单位在选择我们，我们也同样在选择用人单位，也就是说我们与用人单位之间是平等的关系，完全可以实现双向选择。所以，我们首先不要战战兢兢，不要觉得自己低人一等，而是要端正态度，更加从容坦然地面对面试领导。其次，要想让面试领导与我们畅谈不休，我们便要说些面试领导喜欢听，而且对其有价值的话。毋庸置疑，每个单位花费高成本、下大力气招聘人才，绝不是为了敷衍了事、自欺欺人的。每个领导都想找到可用之才，从而在其事业发展中得到有力的臂膀。我们最重要的是要有真才实学，而且能够在最短的时间内凭借语言展示我们的才识。正所谓千金易得，一将难求，当我们与面试领导之间因为思想的交融和碰撞产生出火花，我们还发愁不能与其快乐地聊天吗？！

尤其是在面试过程中，面试领导早已经厌倦了那些战战兢兢的脸，也不愿意再听到千篇一律的言辞。当我们能够一改大多数人的状态，轻松地面对面试领导，那么其必然会觉得耳目一新，也会对我们刮目相看。面试过程中，除了展示自己的实力之外，最重要的就是要有新颖的表现手法。我们唯有与面试领导坦诚相见，领导才会对我们真诚、自然。当然需要注意的是，所谓轻松面对面试领导并非是指不尊重他，而是指我们在对待面试领导的时候要端正心态、态度从容，绝不能惶恐不安。

要想与面试领导畅聊，在细节方面还有很多注意事项，例如，在其说出一些观点的时候，应对其表示认可；再如，当与领导有不同意见时，也不要如同愣头儿青一样和领导对着干。很多话都有不同的表达方式，唯有采取最佳的表达方式，才能让我们与面试领导之间的交流起到预期的效果，也才能让我们与面试领导之间更加平等与民主。一旦建立了良好的交谈氛围，我们

与面试领导之间的交流自然会顺畅，我们甚至还会得到面试领导的认可和赏识呢！

面对性格各异的人，聊天要有的放矢

在这个世界上，绝没有两片完全相同的树叶，也绝没有两个完全相同的人。每个人都是独一无二的个体，每个人的脾气秉性都各不相同。在与陌生人交往时，我们很容易遇到性格迥异的人，在这种情况下如何才能与对方聊得开心而又尽兴呢？这就要求我们要根据不同的聊天对象的性格采取不同方法，从而真正做到能把话说到他人的心里去，成功地打动他人的心。

现代职场上有很多人从事的工作都要与人打交道，而且能否与人打好交道直接影响到他们的工作表现和职业前景。诸如，销售人员、培训人员以及各公司的人力资源负责人等，都是以与人打交道作为主要工作的。尤其是销售人员，会有更多的机会遇到社会各个阶层、各行各业的人。唯有能与不同的客户打交道，销售人员才能成功地将自己所售的商品推销出去，也才能让自己与客户的聊天有价值，最终达成交易。

毫无疑问，对于熟悉我们的人说话不到位，因为其对我们有所了解，所以我们还有挽回的余地。但是如果对于陌生人我们说话一言不慎，就很有可能给对方留下恶劣的印象，哪怕我们事后尽力去弥补，付出加倍的努力，结果也会不尽如人意。所以对待陌生人，正因为其对我们毫无印象，一旦形成坏印象反而更难以改变，因此我们与其聊天时更要慎重。

张坤是一名汽车销售员，他虽然长得其貌不扬，完全不符合人们对于汽车销售员青春靓丽、都是俊男靓女的印象，但是他的销售业绩却很好，很多客户对他都非常认可，并且也愿意找他买汽车。这到底是为什么呢？

看到张坤不管什么样的客户都能应对自如，大家都觉得很奇怪。然而，张坤却有自己独特的一套，因为他会针对不同性格的客户，采取不同的策略和方针。通常情况下，大多数销售员只要接待了客户，就会一直紧跟客户，不是给客户推荐车型，就是打探客户的各种需求。当然，对于销售人员而言，这样紧跟客户的做法并没有错。不过，有些客户并不喜欢被这样死缠烂打，也不喜欢汽车销售员采取“贴身服务”，他们更愿意自己在展厅里走走逛逛，在没有销售员跟着的情况下轻松而又毫无压力地观赏各种车型。每当遇到这样的客户，很多销售员都会因为跟客户跟得太紧，而被客户嫌弃和排斥。不过，张坤对这种客户的表现却截然不同。有一次，他接待了一个客户，正当他按照常规给客户介绍各种车型时，客户却说：“我自己看看，有需要我会找你的。”客户的话里带着明显的敌意和排斥，张坤马上结束介绍，递了一张名片给客户说：“好的，先生，这是我的名片，您一会儿如果找我不方便，可以给我打电话，有任何需要时都可以联系我。”

就这样，张坤及时退场。过了一个多小时以后，该客户给张坤打电话说：“我想买昂科雷，你来给我介绍下吧。”张坤得到客户的召唤，第一时间带着资料赶到该客户身边。在经过言简意赅的交流并且给客户答疑解惑后，该客户问张坤：“这辆车的底价是多少钱？”通常情况下，遇到这样的问题，推销员都会给客户报一个保守的底价，即比真正的底价高一些，从而给客户再次砍价的空间。但是看到客户说话斩钉截铁的样子，张坤直截了当地对客户说：“马先生，我看您是个痛快人，咱们痛快人对痛快人。这辆车的底价是××万元，低于这个价格，您去任何一家店都提不走车。”就这样，张坤与客户顺利成交，客户当即就付了买车的订金。

在这个事例中，张坤之所以能够得到客户的认可，就是因为他看出这个客户是直截了当、不愿意啰唆的人。因而他没有盯着客户、缠着客户，而是给予客户极大的自由空间和自主选择的权利。在最后阶段客户询价的时候，张坤也没有藏着掖着，而是直接报出底价。正如张坤所说的，他对客户是痛快人对痛快人，所以才能顺利成交这单生意。

不管是生活中还是工作中，我们难免要与形形色色的人打交道。我们必须学会察言观色，这样才能及时判断出对方是怎样的人，也才能有的放矢，把话说到对方心里去，把事情做到极致。当然，面对不同性格的人要及时调整应对的方针和策略，才能达到预期的目的。

成功融入小团体，毫无陌生与隔阂感

很多初入职场的新人都会面临同一种尴尬，即办公室里的很多人早已经形成一个坚不可摧的小团体，作为后来的新人，他们很难融入这些小团体。由此一来，他们的处境十分孤立，仿佛被隔离在无形的圈外，变成了游离的边缘人。这样的感觉当然使经验匮乏的职场新人如坐针毡，尤其是他们在工作还不能得心应手的时候，就更会觉得被动。

人是一种非常奇怪的动物，总是喜欢抱团取暖，用集体的力量来战胜孤独和寂寞，也用以消除隔阂感和挫败感。所以很多职场新人都迫不及待地想要融入小团体之中，当与小团体里的成员非常熟悉后，他们会觉得自己仿佛找到了大部队，感觉到如鱼得水，也能尽快融入办公室的氛围之中。这样一来，他们不但不再觉得寂寞和孤独，也不会觉得自己受排挤，更是对工作信心十足，毕竟遇到不会的或者不熟悉的工作，也能向“自家人”请教了。

现代职场人际关系非常复杂，不管是中高层领导，还是最底层的工作人员，都不愿意被孤立，否则他们一定会觉的非常无助。曾经有很多职场新人在进入一家新公司后的一段时间内都会被孤立，这种感觉让他们至今难忘，而且再也不想经历。那么，如何才能顺利地加入小团体的内部呢？首先，我们要知道小团体存在的理由。常言道，“物以类聚，人以群分”。人之所以能够彼此靠近，绝非是无缘无故的。例如，在办公室里，同事之间的抱团取暖要么是因为工作上彼此相互需要，要么是因为他们彼此志趣相同、志同道合。总而言之，只要你认真观察，总能发现小团体成立的依据和存在的理由。这样一来，我们在加入某个团体时就更有针对性了，我们至少要表现出与该团体成员相同的某些特质，才能得到许可进入该团体。

当然，在最初进入小团体内部时，记住千万不要沾沾自喜。因为对于原本平衡的小团体内部突然来了一个“空降兵”，往往会打破小团体内部的平衡，我们此刻需要做的就是保持小团体原有的平衡，不要让自己显得太突出。千万不要急于求成，尤其是要与小团体的核心人物搞好关系，这样你才能真正在小团体内部站稳脚跟。

大学毕业后，玛丽好不容易才进入一家心仪的大公司当文员。虽然玛丽处于公司的最底层，只能接触和自己同样地位的工作人员，但是她依旧能感受到自己被排斥和孤立。刚刚进入该公司那个星期对于玛丽而言简直如同噩梦一般：每天早晨，她就如同幽灵一样来到办公室，因为根本没有人看她一眼；中午吃饭时，看到同事们三五成群地走出去，玛丽甚至不敢离开自己的工位，因为她不想自己形只影单显得被孤立；晚上下班，要好的同事总是结伴而行，唯独玛丽一个人坐在那里，连和她打个招呼的人都没有。玛丽每天大气也不敢出一声，既不想被同事们无视，又不想过于惹人注意，令自己更

加尴尬。

一个星期后，玛丽意识到自己必须改变以往的局面，因而她想出了一个好办法。她发现办公室里分为好几个小团体，而自己显然更喜欢加入以小梦为核心人物的团体。为此，她借着一天办公室里人少的时候，对小梦说：“梦姐，我周末去喝喜酒了，向新娘子要了很多巧克力糖果。不过我和大家都不熟悉，不如你帮我发给大家吃吧，让大家都沾沾喜气。”小梦看到玛丽主动向自己示好自然觉得很高兴，因此她高兴地接过糖果，给办公室里的同事们分发。当然，她对于自己的小团体是有偏爱的。后来，玛丽和小梦的关系就亲近起来，小梦也特别关照玛丽。之后玛丽如愿以偿地成为小梦团体的新成员。其实，小梦不知道的是，玛丽的糖果根本不是从新娘子那里要来的，她也没有参加什么婚礼，她特意买了些糖果来给小梦分发给同事，就是为了加入小梦的团体，让自己不再显得那么孤单无助。

初入职场，或者是新到一家公司，与同事们之间难免会有陌生感，也易产生隔阂。要想尽快融入办公室文化，加入小团体无疑是非常直接的方式。在这种情况下，我们与其等着小团体的核心人物来发展我们，不如主动接近小团体的成员，这样我们至少还能占据主动地位，也有了在不同小团体之间选择的主动权。

每个人都需要得到他人的认可和肯定，小团体的成员之间是能够相互认可和肯定的。尤其是对于职场新人而言，由于缺乏工作经验和人际交往的经验，急需加入小团体，才能让自己树立信心，增强勇气。当然需要注意的是，我们加入小团体后一定要少说多听，这样才能避免言多必失、祸从口出，也才能得到小团体成员的真心认可和接纳。

让话题终结者的称号不复存在

现实生活中，有很多人都不爱说话，他们真正无愧于话题终结者的称号，一旦张口说话，马上就能让原本热烈的交谈氛围消失殆尽。在他们开口之后，几乎每个人都不想再继续说下去了，因为他们已经完全没有交谈的欲望了。这到底是为什么呢？虽然我们称其为话题终结者，而且这个名字听起来很酷，很像好莱坞大片中那些有着超能力的人，但是实际上真正被称为话题终结者的人都会特别苦恼。当然，不但他们本人会十分苦恼，与他们聊天的人也同样面临很大的压力，甚至需要鼓足勇气才能真正面对他们，更需要极大的智慧，才能与他们继续交谈下去。

其实，没有人愿意变成话题终结者。一个人可以选择沉默，拒绝说话，却不想自己一开口就让所有的话题都结束。可想而知，话题终结者并非故意要结束人们的谈话，而是因为他们性格内向木讷寡言，根本不知道如何与人交谈和打交道，也不知道如何接着别人的话题与别人畅聊，所以他们才会让大家都很扫兴，不愿意继续畅谈。前段时间的网络流行语——“呵呵”几乎就是话题终结者屡试不爽、百战百胜的神器。哪怕大家正在聊得热火朝天，只要有人“呵呵”，大家马上就会禁言。因为“呵呵”代表说话者对于谈论的话题毫无兴趣，也如同一个魔咒一般让大家都不愿意承认自己对这个他人不感兴趣的话题很感兴趣。不得不说，人受从众心理的影响很大，在很大程度上左右了人们对于交谈内容的选择。

在和话题终结者交谈时，我们一定要调整好自己的状态，保持强大的气场，这样我们才能不被话题终结者压倒，而能够如愿以偿地继续谈论自己感兴趣的话题。现实的交谈中话题终结者并非是以“呵呵”结束交谈，因为

他们终结话题的讨论大多数是无意识的。例如，大家都在热烈讨论的时候，轮到某人发表对该问题的看法或者说出一些有新意的解决方法时，他们却说“我的看法和大家差不多”“我认可大家的解决方案”，以此作为回答，使每个人都会变得意兴索然，再也不愿意继续说下去。那么，如何才能打破话题终结者的魔咒呢？首先，如果对于彼此关系亲密和熟稔的朋友，我们可以强迫对方必须说出心里的想法，但是如果是对于陌生人，我们则要想办法突破他们的封闭式思维框架，从而让他们变得有话可说。这样一来，原本被话题终结者弄得如同死水般的谈话就会再次被激活，大家也就可以继续积极地畅所欲言了。当我们能够打破话题终结者的魔咒，与话题终结者也能畅聊时，我们与人交流的能力一定会得到很大的提高。

自从爸爸去世后，一直是大姐帮着妈妈抚养兄弟姐妹，供养兄弟姐妹们上大学。眼看着最小的弟弟也要大学毕业了，大姐才开始考虑个人问题。已经年近40岁的她好不容易才找到合适的结婚对象，妈妈高兴极了，嘱咐兄弟姐妹们一定要齐心协力，给他们的大姐举办一个完美的婚礼。

虽然大姐坚持不想麻烦弟妹们，但是妈妈还是在周末的时候把大家召集在了一起，共同商讨大姐结婚的大事。其中小弟弟最高兴，他一直认为大姐像他妈妈一样的好，因而他迫不及待地说：“大姐，我要花光毕业后第一个月的工资，为你准备一份厚礼。可惜我没有积蓄，不然我愿意付出所有，只要大姐高兴。不过大姐请你放心，等我有了更多的收入，我会把你当成妈妈一样来孝敬。”小弟弟的话使大家都陷入了深思，弟妹们曾经都看到过大姐的无私付出，所以他们都百感交集。接下来是小妹妹、大妹的踊跃发言，到最后只有大弟弟一直沉默不语。妈妈自然知道大弟弟的心思，因为大弟弟已经成家立业，给大姐多少回报并非是他说了能算的。为此当妈妈问起大弟弟的想法时，大弟弟只是轻描淡写地说：“我同意大家的意见。”其实，大家也都知道大弟弟的媳妇不是那么好说话的人，不过弟妹们还是对大弟弟说：“大哥，大姐辍学的时候，是为了把上高中的机会让给你。后来你是咱们家第一个读大学的，大姐一直对你倾力相助，不管吃多少苦，都供养你读完了研究生。你可不能不说，你还是我们的榜样呢！”在弟妹们的撺掇下，大弟弟想起大姐曾经的辛苦，不由得热泪盈眶。他激动地说：“我给大姐买辆车，这样大姐经营饭店也能用得上，而且还能方便一些。”听到大弟弟的话，虽然大弟媳很不高兴，但是大家还是高兴地为他鼓起掌来。

对于大弟弟之前作为话题终结者出现，大家都很不满意，也因而故意起哄让大弟弟表态。这样一来，大弟弟就无法继续话题终结者的身份，想起了大姐曾经的各种辛苦的付出，他慷慨地表示要报答大姐。

有的人当话题终结者是无意识的，有的人却是有意识的。不管交谈者是故意终止谈话，还是无意识地终止谈话，我们都要学会兵来将挡，水来土掩，才能成功与话题终结者继续交谈，也才能让交谈的气氛再次活跃起来。

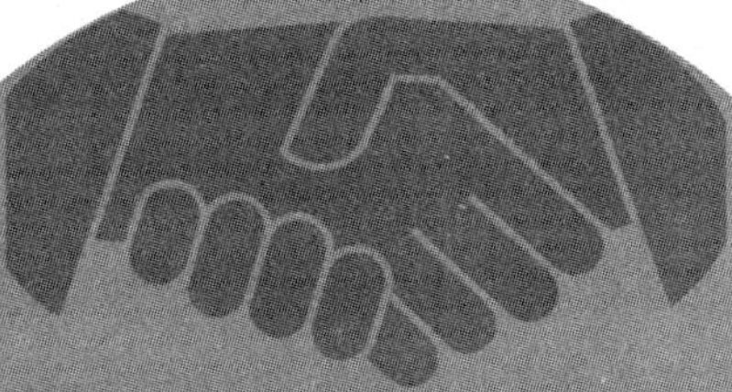

第 08 章

聊得来也会倾听，提升倾听技巧的好方法

很多人都觉得与他人聊天，最重要的是学会表达，表达自己的思想意识，表达自己的情感情绪，这样才能让他人更好地了解我们。其实不然，在和他人聊天，之前我们还有一项重要的工作必须做好，那就是倾听。我们唯有学会倾听，才能更好地了解他人，也才能对他人做出有效的回应。

凝神倾听对方的话，对方才会更愿意说

良好的沟通，不但要建立在彼此超强的沟通能力上，更要建立在相互之间用心倾听的能力上。我们只有用心倾听他人的话，才能真正激发起对方的谈兴。与此相反，假如我们总是喋喋不休地说着关于自己的事情，那么我们很容易就会惹人厌烦。

每个人都有这样的感受和体验，即在我们说话的时候，如果对方对我们的话题表现出浓厚的兴趣，并且做出积极的回应，那么我们一定会扬扬自得、飘飘然。这是因为每个人都希望自己的发言能够得到他人的认可，也希望自己的发言会让对方觉得兴致盎然。这样一来，我们会觉得自己被尊重、被重视，也得到了他人的理解和认可。与此恰恰相反，假如我们在与人谈话的时候，他人表现出心不在焉的样子，那么不但意味着我们的话题也许使对方意兴索然，更意味着对方对我们的付出毫不在意，而且不屑一顾。我们往往会因此认定对方非常无礼，因而对对方印象不好。实际上，他们也许什么意思也没有，只是因为缺乏倾听的技巧而已，但是如此糟糕的后果却使他们损失惨重。尤其是当说话对象对于他们而言是非常重要的人物时，他们必然会损失更大。

我们由己及人，不难想象出当我们不是一个好的倾听者时，会给发言的人留下怎样的恶劣印象。从这个角度而言，我们要想与他人更好地相处和交流，必须首先提升自己的倾听能力，让自己成为一个合格且优秀的倾听者，这样我们和他人之间才能更加顺畅地交流，我们也能在尊重他人的同时，赢得他人的尊重。

那么，我们应该如何才能提升自己的倾听能力，从而使对方对我们的凝神倾听印象深刻，也因此使其谈兴更浓呢？首先，我们应该集中精力，全神贯注地倾听对方说话。这样不但能代表我们尊重对方，更能代表我们被对方的话题所吸引，让对方感到自己的发言是很成功的。当我们凝神细听时，对方必然更愿意侃侃而谈，甚至还会在激动之余说出更多理性的话呢！其次，我们应该善于使用肢体语言，诸如点头、认可的眼神等，来表示对对方的认可和附和。此外，也可以使用恰到好处的附和语，让对方感受到我们的态度。再次，我们还要讲究礼貌，千万不要随意打断对方的谈话。人在说话的时候都是受思路指导的，尤其是在发表长篇大论时，更是会按照一定的思路组织好语言，一旦我们突然打断对方的谈话，那么对方很有可能中断思路，不知道接下来应该说些什么，难免因此会产生不悦。最后，我们还要在对方谈话进行到一定阶段时，抓住时机，总结对方的观点，然后得出自己与之相应的观点。这是一个内化的过程，旨在告诉对方我们一直在用心听、用心思考，所以才会得出这样精辟到位的总结。总而言之，凝神倾听并非是目不转睛地盯着对方就可以了，我们还要做出及时的反馈和回应，从而帮助对方更好地调整下一步谈话的思路。

但是，有一点是毋庸置疑的，即无论对方说什么，都希望有人认真倾听他的话。所以不管是出于礼貌，还是出于需要，我们都要凝神倾听对方所讲的话，才能激发对方的谈兴。为了能做到集中注意力、全神贯注地倾听，我们还要提前消除各种有可能干扰自己的因素，从而使我们与对方的交谈更加顺利。

需要注意的是干扰因素分为外界的和内部的。外界的干扰因素包括各种噪声，以及很多可分散人们注意力的东西。内部的干扰因素包括心神涣散，或者是低落的情绪等，这些都会影响人们专心倾听。因而为了使交流能更加顺畅，我们要提升倾听的技巧，从而帮助自己集中注意力凝神倾听。

要想获得信息，需鼓励对方畅谈

人与人的交流中，语言是沟通的媒介和桥梁。所谓交流，本质上而言就是信息的传递，人们不但要把自己所知道的信息告诉他人，也要从他人的发言中搜集各种各样对自己有益的信息，从而实现信息共享。假如我们与他人谈话的主旨是为了表达自己的观点，那么我们自然可以以说为主。但是如果我们与他人交流的目的在于从他人那里获取更多的信息，那么我们就要更加积极主动地倾听，并且要鼓励对方先开口说话，这样我们才能从他人的表达中搜集到更多有效的信息。

当然，在日常交谈中，除非是性格外向的人，否则很少会有人愿意主动表达。要想使对方先开口，我们可以采取一些交谈技巧，从而达到此目的。首先，我们可以全神贯注地倾听，营造良好的交谈氛围，这样对方才会觉得比较放松，也愿意向我们敞开心扉。其次，我们可以主动请对方分享自己的观点，我们还可以怀着请教的心态以对方为师，这样对方好为人师的心理特点就会显露出来，从而与我们更好地继续交谈。最后，我们在倾听的过程中

还要表现出良好的素养，既要充分尊重对方，又要及时回应和附和对方。因为谈话者唯有及时得到我们的回应，才会更愿意向我们敞开心扉，也才会与我们更好地交流。

艾米在一家广告公司工作，是一名广告策划人员。因为她在工作中表现出色，很快被提拔为策划小组的组长，带领几个组员一起做广告策划工作。有一次，领导把一个很重要的广告策划任务交给艾米，而且还规定艾米必须在两周之内给出一个能让人耳目一新、有创意的策划方案。这是一项很艰巨的任务，艾米决定发动全体组员的力量，大家一起攻克难关。不过，艾米手下有两个组员都是老职员了，其资历深、资格老，因而很多时候都会不听艾米指挥。艾米很想开个创意研讨会，又担心如果这两名老职员不能带头发言的话，一定会使其他人也不作声，那么研讨会就会彻底失败了。思来想去，艾米想出了一个好办法，并且决计要把这两名老职员变成带头人。

会议当天，艾米准备了很多小零食，原本她想把研讨会开成轻松悠闲的茶话会。在简单陈述了会议的主旨后，艾米对两位老职员之一说：“马姐，在座的人里，您是资历最老的，是我们的前辈。我记得自己刚进公司的时候，您都来公司十年了。要不是您需要照顾家人，也许现在早就是我的顶头上司了。所以，我想先请教您对于这个棘手的策划方案，您能否提出好的建议供我们参考呢！人家都是抛砖引玉，我们是想让您抛玉引砖！还望您不吝赐教啊！”这样一番恭维话，听得马姐心花怒放。的确，她来公司已经很多年了，因家庭所累，所以一直屈居人下。为此，在听到艾米给足自己面子之后，她也不好再倚老卖老了。简单客套了几句话后，她就敞开心扉，把自己的想法说了出来。马姐开了个好头，另一位老职员也不好故作深沉，再加上伴有美味的零食和饮料，大家全都畅所欲言，研讨会因而进行得非常顺利。

毫无疑问，艾米激发马姐开口的策略非常成功。所以，她的创意研讨会才能大获成功。有了研讨会的成功作为基础，她接下来的工作也就顺利了许多。在现实生活和工作中，我们经常需要与他人交流，或者从他人那里获取信息。每当这时，我们都要采取各种策略鼓励对方先开口，这样我们才能如愿以偿。

有的时候，我们可以采取抛砖引玉的方法，先敞开心扉与对方分享我们的观点，等到对方感受到我们的诚意之后，自然就会真诚坦率地说出其真实的想法。

交谈中，切勿随意打断他人的讲话

人的思维如同一条静静流淌的河，但是一旦有了外界的刺激，诸如讲话被迫中断接受他人的发言，那么思维的河流中就会像是被投入了一颗颗小石子，泛起阵阵涟漪。作为倾听者总会心潮起伏，所以他们难免想要发出声音。在这种情况下，倾听者如果不合时宜地发出声音，打断说话者，那么无疑是不礼貌的，而且也会扰乱说话者发言的思路，导致整个谈话中断。因而在交谈中，我们作为倾听者必须控制好自己的情绪，不要随意打断他人。唯有如此，我们才能做到尊重发言者，也才能让谈话更加顺利地进行下去。

交流是双向的。虽然倾听者全神贯注地倾听是一种非常美好的姿态，但是有的时候也需要倾听者做出积极的回应。首先，有的时候需要活跃交谈气氛，那么任由说话者一个人自说自话显然是不合时宜的，我们可以恰当地对说话者进行回应，从而让他们知道我们的态度，也能激励他们更

加兴致盎然地发表谈话。其次，我们如果在倾听的过程中漏掉了重要信息，或者需要对某些事情进行澄清时，那么也是需要及时打断说话者的。不过需要注意的是，我们必须讲究方式方法，避免简单粗暴，而是要有礼有节，诸如，“对不起，我打断您一下”“不好意思，我有个地方没听明白”“很抱歉，有些事情我需要和您确定一下”之类的话，都能让对方乐于接受你的详细询问。

不过，在交谈之中若非万不得已，或者是有些话题可以留到对方讲话结束再说，那么我们还是不应该随意打断他人的。唯有尊重他人，我们才能得到他人的尊重，而随意打断他人说话、随意插嘴，都是极其不礼貌的行为。

交谈是互动的过程，对于反馈和回应，哪怕是不打断对方讲话，我们也可以做得很好。例如，在听到对方的观点时，如果要表示认可，我们可以缓慢地点头。再如，在对方讲到关键时刻时，我们也可以以简短的语言给予回应，诸如，我们可以说“真的吗？”“令人难以置信”“这件事情真神奇！”“我可以想象到当时的情形。”等，都能帮助我们恰到好处地表达对对方的了解、尊重和宽容，也可以激励对方继续兴致勃勃地讲下去。这样的回应不是打断他人说话，而是对他人的适当回应，唯有恰到好处地做出我们的回应，我们与他人之间才能更加愉快地互动。

有一次上课，作为大学生的马丁有个问题没听懂，虽然老师急急忙忙地想要继续讲下去，但是马丁却突然向老师提问：“老师，刚才的问题我没有听懂。”老师被打断了教学思路，显然很不高兴，所以他对马丁说：“如果有不懂的地方，请课后再问老师，老师不可能因为你一个人耽误教学进度。其他同学也听好，对于课堂上没听懂的内容，请课后问老师，老师会为你们单独讲解。如果老师用宝贵的课堂时间为个别同学解惑，那么对于那些听懂的同学无疑是很不公平的，也希望大家能够理解和体谅。”

的确，教师教学都是有固定进度的，如果因为某个同学没有跟上进度，他们就在课堂上重复所讲述的内容，那么整个教学计划都会被打乱，整个教学进程也会被延后。实际上，除非是私底下一对一的交谈，很多公开场合如果打断发言者，都会造成不良的后果。即使是私底下交谈，我们也要尊重发言者，不要随意打断他人的讲话。

语言具有时效性，有的时候一旦错过，就很难复现。只有迫不得已的情况下，我们才能以恰当的方式打断发言者，从而为自己争取询问的机会。

领会交谈精髓，要抓住关键词

语言交流虽然是由一句句话组成的，但是其本质却是由很多关键词连接而成的。人脑毕竟不是复读机，更不是计算机，无法精确保留所有的信息。在这种情况下，如果我们想从交谈中获取有效信息，并且将其记住，就要领会谈话中的精髓，亦即抓住谈话中的关键词。记得小学时候写作文，老师总会说某些同学的作文写得干巴巴的，只有骨架，却没有血肉。因为文章是让人读的，所以还是要有血有肉才会更生动、具体和形象。但是与人交谈则不同，语言的时效性很强，甚至有些会转瞬即逝，因而如果一不留神，就会导致信息的遗漏。在这种情况下，我们所要做的与写作文恰恰相反，即我们不是要给骨架加上血肉，而是要给骨架去掉血肉，这样我们才能顺利捕捉到骨架，抓住语言交流的精髓。

不过，找到关键词并非那么容易。虽然大多数关键词是显而易见的，但是有些关键词也如同冰山一角，让人难以发现。我们必须透过现象看本质，

才能从他人的长篇大论中提炼出关键词，并且将其深刻地记在心中。

很多熟悉计算机的朋友们都知道，在计算机中寻找存储的东西，主要靠索引。在交谈中，关键词也相当于是一个个的线索，能够帮助我们按图索骥，找到我们想要的内容和信息。人与人在交谈中，无论是有意识还是无意识，总是会说出很多关键词。优秀的倾听者自知脑容量有限，记忆力也有限，因而不会盲目地想要记住他人所说的每一句话，而是会从整个谈话中提炼出关键词，从而以此作为线索，掌握整个谈话精髓。

举例而言，有人告诉你："五年前，我去了美国。完成学业后，没有去公司里工作，而是自己创办了一家软件开发公司。"听到这句话，有些人也许会把关注点集中在所谓的"五年前，没有去公司工作等方面"。殊不知，这句话的关键词在于"美国""软件开发公司"。那么，如果你听到这句话之后马上反问对方："你都已经去美国五年了？"对方一定会觉得与你的交谈兴致索然。相反，假如你问对方："你居然在美国开了家软件开发公司，简直太厉害了，你是如何做到的？"这样一来，对方意识到你抓住了他讲述的关键词，也知道了他的能力所在，必然更愿意与你继续交流下去，甚至还会在你面前提起自己的"当年勇"，引得你对他羡慕不已呢！这样一来，谈话自然就能进行得十分顺畅。

与人交谈的过程中，假如我们不能成功地找出关键词，那么往往会导致交谈的失败。要知道，关键词恰恰是对方最想传达给我们的信息，我们不能舍本逐末，更不能以偏概全，而要足够敏感地抓住重点要对他人的话题引起足够的重视。

很多时候，关键词还会向我们透露一些敏感信息。唯有捕捉到他人的敏感信息，我们才能更加深入他人的心里，打开他人的心扉。有的时候，我们捕捉到的关键词，恰恰是能深入交谈的关键点。所以朋友们，千万不要忽视关键词的重要作用，尤其是要注意不要放过谈话中敏感的话题。有的时候，这也是对方向我们伸出的橄榄枝，假如我们浑然不觉，自然就会错失一次良机。

从谈话中总结重要信息，以便得出结论

与人交谈的过程中，哪怕对方总是侃侃而谈，你也总能找出几分钟的时间，对于对方的发言进行思考和总结，从而找到对方观点中最重要的内容，并且由此引申出自己的观点。很多朋友对于这个环节都不以为然，总觉得只要认真倾听对方讲话就足够了。殊不知，倾听对方讲话只是被动接受他人观点的过程，最重要的是要把对方的很多观点内化成我们自己的观点，在不断地引申和提高，逐步完善我们的观点。

千百年来人类文明之所以能不断进步，就是因为人们总是擅长于在前人思想的基础上不断进取。每一代人都是踩着前辈的肩膀，站在更高的高度上艰难前行，所以人类文明才会不断地发展，人类也才能持续进步。倾听他人的观点，或者是读前辈留下的思想巨著，就是这样的一个过程。很多朋友在上学期间都被要求写过读书笔记，这其实就是老师在以作业的形式强迫我们回顾和总结学习的过程、读书的过程，从而才能取得更大的进步。如果没有反思和总结，那么我们的学习效果就会大打折扣。而且，回顾和总结自己的观点还有一个很大的好处，那就是能帮助我们在谈话告一阶段的时候厘清思路，从而为我们后续提出更加优质的问题奠定良好的基础。而且，这也能反馈给讲话者一个信息，即就算是我们的观点不够成熟，至少说明我们一直在

努力倾听，也在认真思考，表明了我们的态度和应该努力的方向，也能够给发言者以激励。

在这次碰头会上，大家发言都很踊跃。每个小组都派出了代表，阐述了各个小组的主要观点。不过在最终的汇总时，结果却显得有些不尽如人意。因为既然是以小组讨论再汇总的方式，目的就是要集思广益，最终得出高质有效的结论，但是各小组的代表却都各持己见，很少有人愿意把别人的观点也融入进去，完善自身。

会议主持人马总不由得皱起了眉头。这时，最后一个小组的代表林倩说：“我听了前面几个小组长的发言，觉得大家说得都很有道理。首先，我们是一个集体。其次，我们也是不同的个体。假如我们能够扬长避短、取长补短，那么我们一定能够把各种观点融会贯通，发扬光大。接下来，我想说说我对于这些观点的看法。当然，我不仅代表我自己，也代表我们小组的各位成员，希望能够起到抛砖引玉的作用，最终能和大家形成统一完美的观点……”无论林倩的观点是否正确，发言是否精彩，马总第一个带头鼓掌，而且他还给予了林倩极高的评价，号召大家都能像林倩那样接纳他人的观点，取其精华，去其糟粕，再形成自己的观点。就这样，在林倩的带动下，大家意识到自身的不足，也都改变了态度，把吸纳他人观点、总结自身观点作为重要的一项工作。

就像孩子们每经过一段时间的学习，就要进行考试，从而查漏补缺，发现自己的不足一样，我们不管是在工作中还是在生活中，不管做什么事情，也都要坚持回顾和总结，这样我们一定会比闷头儿学习进步更快。

古人云，“一日三省吾身”。当然，我们也许还做不到一日三省吾身，但是适时反省却是很有必要的。常言道，“三人行，必有我师”，我们一定要怀着谦虚学习和求教的心态聆听他人的谈话，从而吸取其中有效的信息，并在此基础上提升和完善自我的观点。唯有如此，我们才易与发言者产生共鸣，也才能帮助发言者建立信心，激发他们的谈兴。当然，一切思想的交融都是在碰撞和融合中进行的，所以只有我们与他人彼此能够敞开心扉，才能实现最高的目标。

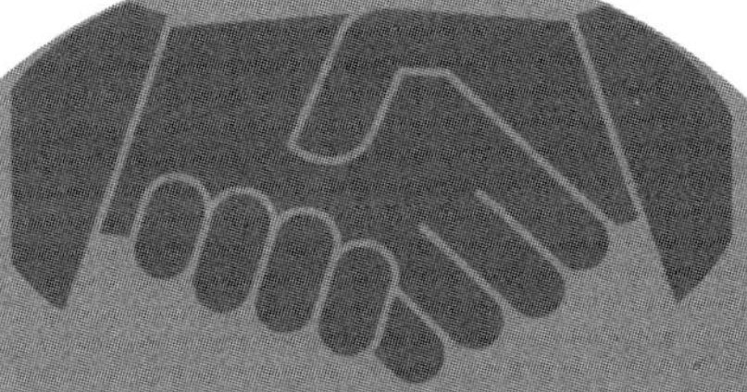

第 09 章

别惧怕交谈压力，建立自信让自己放轻松

在谈话中，很多人能感受到巨大的压力，如何能顶着压力交谈，成为每个人都必须面对的问题。那么，交谈压力来自哪里呢？很多时候，交谈压力来自我们面对的交谈对象，例如，交谈对象是身份、地位或者权力比我们高的人，我们会感到紧张，就像面试者面对主考官会紧张一样。也或者来自我们谈论的话题，假如我们谈论的话题是敏感话题，或者是至关重要的话题，我们也会因为关心其发展结果而感到万分紧张。总而言之，我们在很多谈话中都会感到紧张，唯有学会应对交谈的压力，我们才能自信地面对谈话者，也才能让自己表现得更加轻松自如。

全身放松，有助于情绪恢复稳定自如

情绪紧张，是人体在身体和精神两个方面同时对外界情况产生的反应。人是非常敏感的，对于生活中的很多事情，都会产生不同的反应。遇到好的事情，诸如金榜题名、洞房花烛，人们会觉得非常高兴；遇到坏的事情，诸如遭遇意外的变故，或者失去一些重要的东西，人都会变得紧张，或者是沮丧绝望。长期生活在紧张之中，就会导致情绪变化发展成为身体变化，因为紧张的情绪是会对人体产生负面作用的，诸如，使人头昏脑涨，无法集中注意力；心跳加速、心悸心慌，甚至全身疲劳乏力等。这些症状，对于人们的身体健康会产生恶劣的影响，甚至还会造成严重的后果。

反过来说，当紧张的时候，如果我们能够全身放松，也会有利于我们的情绪恢复正常。例如，当感受到工作的巨大压力时，我们完全可以先把棘手的工作放在一边，而给自己放个假，听听音乐、读读书，或者是去景色优美的郊外远足。这样都能帮助我们暂时放下忧虑，全心全意地享受生活。再如，很多人在遭遇不幸的时候，总是会沉浸于恶劣的情绪中无法自拔，殊不知情绪也是会积累的，待积累到一定的程度，就会给我们的生活带来严重的负面影响。这种情况下，适当地放松身体，让自己保持冷静和理智，是至关

重要的。

子墨是她爸爸、妈妈中年才得到的独生女，一直以来她都是在爸爸、妈妈的精心呵护下长大的，过着衣食无忧的生活。然而，当她父母渐渐老去，还没有成家的子墨不得不承担起照顾双亲的重任，对她而言的确是有些力不从心。

这不，她爸爸才刚刚因为腰椎间盘突出入院手术，她妈妈又因为着急上火突发脑溢血，也需要做紧急开颅手术。幸好子墨提前给爸爸找了个24小时的护工，这样才能抽身向单位请假，去陪伴妈妈。手术的主刀医生是子墨的高中同学，得知子墨家里的情况后，该医生安慰子墨说："手术要好几个小时，我建议你去找个养生会馆，做个头部按摩，还可以做个足底按摩。这样的话，你能好好睡一觉，等你醒来再过来就行了。"子墨神情忧虑地说："我妈妈在里面做这样的大手术，我怎么能离开呢？"该医生关切地说："你守在这里也帮不上什么忙。听我的，医院大门对面就有个养生会馆，如果有情况，我给你打电话，你几分钟就可以赶到，你只要保持手机畅通就行。"在该医生的再三劝说下，濒临崩溃的子墨接受了医生的建议，决定去做个按摩，放松下自己紧张的心情。出乎子墨的预料，在进行了头部和足底按摩之后，随着身体的放松，她原本绷紧的心也随之放松下来了。原本，她觉得自己肯定会熬不过这一关，现在觉得可以兵来将挡，水来土掩，既然天降大任，就只能坚强地顶住。就这样，她安心地睡了一觉，直到母亲手术结束前半个小时，闹铃才把她喊醒。她觉得自己的头脑清醒多了，也觉得自己恢复了精力。她默默地告诉自己："来吧！命运的挑战，我已经准备好了。"

子墨原本因为精神极度紧张，濒临崩溃的状态。幸好她接受了老同学的建议，没有万分紧张地守候在手术室门口，而是努力让自己的身心放松下来，从而才能让自己的精神状态得到了良好的调整。的确，对于独生子女而言，父母同时生病无疑是最可怕也最艰难的时刻，需要强大的精神力量才能支撑下去。其实，不止这样的情况下，在生活和工作中的很多情况下，如果我们觉得紧张得无法喘息，不如就采取让身体放松的方式缓解自己的紧张情绪，相信效果一定会非常显著的。

放松自己，除了接受按摩之外，也可以采取暗示自己的方式。例如，冥想时告诉自己的身体要如同羽毛一样轻飘飘的；也可以做深呼吸，这样让气息贯通自己的身体，我们会觉得神志清爽，浑身轻盈。现在还有很多人喜欢练习瑜伽，它也是极好的放松身心的方式。再如，有的人也习惯于通过剧烈的运动放松自己的身体，这也是让人发泄情绪的好方式。总而言之，适合每个人的放松方式也许会不一样，我们要以自己最适合的方式帮助自己放松，才会事半功倍，效果显著。

幻想交谈的好结果，你会变得自信

很多人之所以会感到紧张或者恐惧，主要是因为感受到了未知。大多数人对于自己熟悉的事物并不会感到特别害怕，例如，坐过一次过山车的人，不会比第一次坐过山车的人更紧张，但是如果第一次坐过山车的人是初生牛犊不怕虎，那么结果就不一定了。此外，人们也害怕结果不能如自己所愿，所以会感到莫名其妙的担心。他们越是在乎结果，就越会因为对未知的结果感到恐惧，这一点是毋庸置疑的。所以，要想帮助人们消除紧张情绪，我们还可以幻想交谈的好结果，这样我们就会变得自信，也会在交谈中有更好的表现。当然，也许结果未必能够如我们所愿的那样圆满，但是至少会使我们的交谈过程变得不再那么艰难。

想象，就是通过人们自身的意念，描绘出一幅图景。这幅图景也许是好的，也许是坏的，当然我们这里所指的是好的图景，因为好的图景才能让我们看到好的结果，从而避免对结果产生恐惧感。这幅图景一定是我们幻想着达到的目的。例如，我们可以借着想象通过谈话消除和好朋友之间的误解，也可以想象自己通过谈话在谈判中取得了好的结果。这样一来，我们会对还未进行的事情的结果充满信心，也会相信自己一定能够获得成功。但是，想象也有一些致命的弱点，即想象毕竟是想象，是在自我幻想中发生的，所以想象无法控制他人，更不能左右结果。想象给我们的最大帮助，就是帮助我们建立信心，消除怀疑和恐惧。

一直以来，玛丽都想为自己申请加薪。但是因为害怕会被老板拒绝，也担心老板因此对自己有看法，她每天都蠢蠢欲动、跃跃欲试，却又始终无法真正走出那一步。思来想去，玛丽决定求助于自己当心理咨询师的大姐，因为她实在无法继续忍受这种凡事都不确定的感觉。大姐建议她先想象申请得以通过，然后建立信心，最后义无反顾地去找老板摊牌。

玛丽照做了，发现在想象之后，自己的确信心更强了。当她对着镜子说出自己准备好的说辞时，她甚至越说越激动，觉得自己可以慷慨激昂，义正词严地与老板讲话。之后，她没有犹豫，在感觉最有底气的时候，她直接冲进了老板的办公室。当然，她之所以速度如此之快，就是不想给自己留有时间恐惧。她一气呵成，对老板说出了自己的诉求，并且没有忘记任何一条她陈列的加薪理由。老板看着镇静的玛丽，觉得自己无法拒绝，再想到玛丽一直以来在公司里的工作表现，他爽快地对玛丽说：“我觉得你的确是一名非常优秀的员工，我会慎重考虑你的请求，我将会在一周之内给你答复。”玛丽走出老板办公室时觉得非常高兴，无论结果如何，她毕竟已经勇敢地说出了自己的诉求，这就是成功。

玛丽之所以能成功地向老板提出了自己的要求，就是因为想象的功劳。在想象之中，她成功讲出了自己的诉求，也知道了自己的弱点和不足，因而现场讲述时更加有的放矢，让结果都变得更圆满。朋友们，假如你们也有很多话如鲠在喉，因为各种各样的原因不敢对他人说出来，那么你们也不妨采取想象的方法帮助自己树立信心，相信只要你们是有心人，就一定可以如愿以偿，达成目标。

有的人只经过一次想象依然无法保持镇定，那么不如多进行几次想象。当说话时的情形在我们的想象中不断重复出现时，你会发现自己已经对该情形具备了免疫力，也就根本不会再因为紧张而说不出话，或者说话时丢三落四了。

肯定自我，建立积极正向的自我交流

人不但可以与他人交流，也可以与自己交流。有的时候，与自己交流比与他人交流更加重要，因为与自己交流能让我们更加了解自己的内心，也能让我们更加忠诚于自己的内心。曾经有位名人说，“人，最大的敌人就是自己”。这句话非常有道理。很多事情并非我们做不到，而是因为我们无法超越内心的藩篱，更无法成功突破和超越自我。一旦我们能战胜自己，超越自己，我们就会发现我们根本不像自己想象中的那么弱小，我们自身的力量足以战胜很多困难。

所以，每一个人不管想做什么事情，当务之急就是要能自我肯定，从而帮助自己建立信心。在自我肯定的过程中，如果很多办法都收效甚微，那么我们可以建立积极正向的自我交流。在自我交流的过程中，我们对于自己的认识能更加清楚和深刻。自我交流的形式可以是在内心默默地问自己，也可以自言自语地把话说出来。当然凡事皆有度，如果我们过度地自言自语，也会产生焦虑不安的情绪，对我们的发展和成长不利。所以我们一定要适度，才能让自我交流产生积极的作用。实际上，很多人都会进行自我交流，只不过这种自我交流是无意识的，人们往往不容易察觉到而已。诸如有些人犹豫不决是否做某事时，会无意识地说服自己“这件事情我的确应该去做，完全不能错过”，这就是自我交流。当我们有意识地进行这样的自我交流，就能上升到自我肯定的高度，对于我们的生活和工作都是极有好处的。

从现在开始，就发挥你的想象力，最大限度地进行自我肯定吧。在充分的自我肯定之后，你会提升对自己的期望，也会提高给自己制定的目标，并且会不遗余力地奋进。在自我肯定的过程中，我们需要采取肯定的方式与自己交流，而不要采取否定的方式。就像很多孩子只会听肯定的语言，而无法识别否定的意思一样。我们的潜意识对于肯定的表达也会有更好的反应，而对于否定的表达，效果往往会大打折扣。举例而言，在对年幼的孩子说话时，假如我们想让他们好好学习，就要告诉他们要好好学习，而不要告诉他们“不能贪玩，不能上课做小动作”等，否则他们只会自动过滤出“贪玩”“做小动作”等词语，从而导致父母的教诲在他们身上毫无作用。其实，这并非是孩子故意的，而是孩子的理解能力有限。同样的道理，我们在肯定自我时，也要明确地告诉自己想要什么，而不是暗示自己要避免什么。这样一来，我们的自我肯定才会起到积极的作用。

期末考试就要到了，妈妈问乐乐：“期末考试准备考多少分？”乐乐有些犹豫不决地说：“我觉得，考到90分以上应该没有问题。”对于乐乐这种心虚的回答，他妈妈觉得很不满意，要知道乐乐平日里都是能考到95分以上的，所以妈妈对乐乐说：“大多数人在给自己制定目标时，会给自己制定比平时表现更高的目标，你为何反而比平时降低了标准呢？”乐乐狡辩说：“希望越大，失望越大，我只是不希望你感到失望而已。”妈妈笑着说：“你呀，就是自信心不足，不要再为自己找理由了。人，不能自己骗自己，也根本骗不了自己。如果你现在告诉自己能考到90分以上就行，那么你很难考到高分。我建议你告诉自己，‘我一定要考到98分以上’，这样你真正考到98分的胜算才会大一些。”在妈妈的鼓励下，乐乐依然用心虚的语气告诉自己：“我一定要考到98分以上。”毫无疑问，他这一次的回应并不理想，在妈妈的多次鼓励下，他又接连练习了好几次，语气才变得坚定起来，最终得到了妈妈的表扬。

让乐乐惊讶的是，他每天都说几次自我肯定的话，期末考试时，他真的比之前提高了好几分，也提前了好几个名次。自从尝到自我肯定的甜头，乐乐经常会进行自我交流，不断肯定自己、鼓励自己。

很多销售公司在开晨会的时候，都会进行形式上的自我激励。实际上，真正懂得心理学的人知道，这绝非只是形式上的自我激励，而是真正能够起到自我激励作用的。所谓量变能引起质变，当我们一次又一次地进行自我激励，一次又一次地肯定自己，那么日久天长，我们从假装自认为自己很优秀，就会变成真的觉得自己很优秀。而为了让自己表里如一、言行一致，我们也就会真的变得越来越优秀。听起来很神奇，但却是真的，你不准备马上展开实际行动，激励和肯定自己吗？

进行沟通前，可以预先演练

在与他人交谈之前，很多人都会觉得特别紧张，尤其是当面对陌生人时，他们更是会张口结舌，原本准备好的说辞全都忘得一干二净，根本无法从容表达。这到底是为什么呢？其实，就是紧张心理在作怪。需要注意的是，仅提前在心里准备好说辞是没有用的，重要的是要将其落实到纸面上，形成一个“剧本”，这样才能根据发生的不同情况进行演练，次数多了，自然就不会丢三落四了，也能取得比较好的沟通效果。

采薇在某二手房公司担任门店经理，负责一个门店的工作。了解这个行业的人都知道，这个行业里人员流失率很高，而且人员淘汰率也很高，所以作为门店负责人，采薇面临的首要工作就是不停地招聘新人，并不停地培训新人，其次才是带领熟练销售人员开展销售二手房的工作。

毫无疑问，招聘人才和培养人才都是很大的难题。二手房销售工作很辛苦，尤其是周六、周日其他行业的人休息时，二手房销售人员却是最忙的时候，因而很多人都不愿意从事这份工作。这也使得这个行业的招聘工作尤为困难。不过，最让采薇头疼的还是对从业人员的培训工作。因为紧张，从而做过销售工作的新人在面对客户时，甚至会满头大汗，根本不知道该说些什么。平日培训时告诉他们的那些话语，早就被紧张的他们抛到脑后去了，他们要么说话磕巴，要么张口结舌，而门店又急需新人的注入。为此，采薇想出了一个笨办法。在给新人培训时，她不再只要求新人听，而是要求新人把各种场景中应对的话语记在本子上，然后背下来。当然，她的培训工作没有到此结束，随后，她会安排几个经验丰富的推销员与新人一对一地进行实地演练。即经验丰富的老人扮演房主或者是购房人，让新人接待他们。

在老员工的不断提问下，新人刚开始时还是会非常紧张，渐渐地，随着练习次数的不断增多，他们就变得越来越从容起来，也能主动地提出一些问题了。每当不忙的时候，采薇就组织店员进行这样的实地操练，果然效果非常好，新人从一开始不知道该说什么话，到能熟练地与房主或者客户进行沟通，迅速成长起来了。随着新人的迅速成长，采薇的店里工作气氛也越来越好，业绩不断提高，采薇也因此进入公司业绩排名前十位，成为公司里尽人皆知的优秀门店经理。

很多时候，人们虽然准备好了沟通的话语，但是却因为缺乏实际操练的经验，一旦遇到问题，脑子马上短路，脑海中一片空白，根本不知道应该说些什么话。在这种情况下，我们最好的解决办法就是多进行实操练习，模拟事情发生时的真实情形，这样才能学会应对很多突发状况。

当然，每个人即将面对的现实情况会有所不同。例如，有些新老师要与家长沟通；有些缺乏经验的销售人员要学会推销化妆品；有些新导游要学会与游客沟通等。总而言之，根据每个人角色的不同，他们需要与他人进行沟通的话题也是不同的。在这种情况下，我们必须根据自己的实际情况进行操练，而不要按部就班或者墨守成规，因为适合他人的话语未必适合你，你只有从自身的实际情况出发，才能最大限度提升和完善自我的人际沟通能力。

面对即将要交往的人，应先做好功课

面对陌生人进行深入交谈，我们难免会觉得紧张。其实，我们之所以会觉得紧张，是因为对陌生人一无所知，也是因为对陌生人不够了解。就像很

多孩子上学的时候，为了能尽快掌握老师第二天要讲的知识，需要提前一天预习一样。在和他人交往之前，我们也“预习”一下，能让自己心中有数。这样不但可以减轻我们的紧张感，而且可以让我们更加了解对方，从而与对方和谐融洽地交流。

当然，除了提前了解相关的资料之外，我们还可提前准备自己的发言稿如何与对方互动，以及如何与对方产生共鸣。有些朋友平日里说话声音就很小，一旦紧张，说话声音会更小，那么就要提前练习大声说话。我们可以对着镜子练习，也可以找到熟悉的朋友或者和家里人练习。还有些朋友说话的时候不敢用眼睛直视他人，总是习惯性地盯着自己的脚尖，这也是需要练习的，因为这不但不利于交谈双方产生互动，而且也是不尊重对方的表现。需要注意的是，每个人都不是十全十美的，每个人都有各种各样的缺点需要改进，因而我们必须及时进行自我反省，而且还要坚持练习，才能把缺点都改掉，从而更好地与他人交流。如果练习的时候能够找到忠实的听众，为我们指出那些我们还不曾意识到的缺点，那么我们一定会进步很快，也会获得很大的收获。

大学毕业后，张强进入一家销售公司，从事推销工作。然而，一个多月过去了，张强推销产品从未成功过。他每天都为推销产品四处奔波，也不遗余力地努力工作，但就是毫无进展。为此，他非常苦恼，甚至打起了退堂鼓，觉得自己根本不适合眼下的这份工作。

然而，正当他准备辞职时，一位偶然邂逅的营销大师对他说：“你每天都向十个人进行推销，但是你要想方设法让他们说出你的不足和缺点，然后就可以有则改之，无则加勉。只要你这样坚持一个月，我保证你会成为非常优秀的推销员。”听到营销大师的话，张强半信半疑，但是他正好也还没有找到其他的工作，因而决定试一试。在这一个月的时间里，他每次拜访客户都会给客户带礼物，有的时候为了让客户为他指出不足，他还省下自己的午饭钱请客户吃午饭。为了节省时间，客户一边狼吞虎咽地吃饭，一边告诉张强他的不足。也因为这些宝贵的建议或者意见都是自己花费时间、精力甚至是金钱获得的，所以张强非常重视，及时改正，效果立竿见影。就这样，张强在一个月后就成功签约了一个大单子。此后，张强一直保留着这个好习惯，无论看客户成交与否，他都会让客户给他提意见。最终，张强成为一名非常优秀的销售人员，开创了属于自己的事业。

在这个事例中，张强给客户礼物，或者请客户吃饭，让客户给自己提意见，实际上就相当于一个月的时间里都在练习如何和客户打交道。正是因为有了那些客户的宝贵意见，再加上他不断改进自身的缺点，张强才能成功提升自己，让自己成为一名优秀的销售员。

朋友们，既然很多事情都可以练习，那么交谈自然也可以练习。有的时候，我们哪怕做足了准备，打好了草稿，也在私底下进行了很多次演练，但是却依然难以避免会遇到突发情况。这种时候，我们就可以临场发挥，毕竟我们在此前的练习中收获了很多经验。总而言之，技多不压身，多多练习只有好处，没有坏处，尤其对于不善言辞的人而言，练习好了才能有备无患。

面对意外，也要冷静从容

人与人的交往不会总是一帆风顺的，哪怕是亲密无间的好朋友之间，也有可能因为各种原因产生分歧，更何况是陌生人之间呢？！因而，我们在与陌生人交谈时，一定要做好心理准备应对他人的突然发难，或者是意见观点

不一致引起的纷争。在这种情况下，恼羞成怒是没有什么作用的，只会导致我们与他人之间的关系彻底恶化，再无挽回的余地。也不乏有些胆小的人很害怕面对这种尴尬的局面，因而恨不得马上逃离现场，回到安全的环境中。当然，真正的聪明人会保持良好的心态，对他人和颜悦色，从而尽量圆满地解决问题。

其实，意外在生活中随时随地都有可能发生。假如我们对于意外始终保持退缩和怯懦的心态，那么我们最终会被意外打败，而根本没有机会战胜意外。要想真正解决问题，就要勇敢面对，当然，前提是不能冲动，更不能被愤怒冲昏头脑。我们唯有冷静从容，才能让意外臣服于我们，我们也才能在不断解决意外的过程中，提升和完善自己的经验，让自己变得更加强大，坚不可摧。

那么，具体而言到底要如何对待意外呢？

首先，我们不要凭着冲动的本能马上对对方给予反击，有的时候我们看到的并不是真的，听到的也不一定是真的，真相需要我们用心探究。冲动除了能给人带来懊悔之外，根本于事无补。我们要记住，我们不是斗鸡，无须在第一时间就怒发冲冠，扑扇着翅膀冲向他人。而且当我们过度愤怒时，我们的智商也会瞬间降低，根本无法进行有效的思考，这就容易导致事情的恶化。我们可以做深呼吸，帮助自己放松身体，从而舒缓心情。这样，我们就能争取到更多的时间为自己整理思路，也能避免因为盲目让自己受到更多的伤害。当然，我们还可以使用语言帮助对方平复心情。诸如，“我不想与你争论，我想听听你的想法”“我不想与你吵架，我只想知道你为何这么选择”等。这样一来，对方会受到我们的感染，避免出现过激的语言和行为。

其次，我们要学会控制自我。一个人只有成为自己的主宰，能掌控自己的情绪和行为，才能更好地与他人相处。很多人连自己的情结都控制不了，最终的结果就会完全失控，不但使自己失控，也使那些与自己相关的事情失控。可想而知，这么做的结果有多么糟糕。就像交通规则中提醒老司机要“宁停三分，不抢一秒”一样，我们也要在情绪的红灯前警告自己，“宁停三分，不抢一秒”。这样，我们与他人的紧张关系才能得到有效缓解，我们也能避免以牙还牙、以眼还眼的不理智行为。

最后，我们要学会倾听他人述说，在理解他人的基础上与他人达成共识。每个人不管说什么还是做什么，一定是有自己的初衷和苦衷的。因而面对愤怒的人，我们要知道他们为何生气，为何暴怒，为何与我们针锋相对。与此同时，我们要设身处地为他人着想，从而与他人理智沟通，达成共识。要知道，生意场合成功的合作是让双方都有利可图；在交谈中，真正的成功是让彼此都满意，最终达成共识。当我们同心协力向着共同的目标努力，交谈中哪怕是遇到了小小的不愉快，也能够成功解决，最终拥有好的结果。

第 10 章

学点儿幽默的技巧，能让你和陌生人聊得更愉快

幽默是一门艺术，懂得幽默的艺术，对我们与人交谈是非常必要的。幽默就像是一朵鲜花，总是绽放出浓烈的芳香。在人际交往的过程中，幽默还像是润滑剂，能够帮助人与人之间的关系变得更加和谐融洽。一个人如果想要成为社交场合的明星，就一定要掌握幽默的艺术，这样才能在与人交往的过程中游刃有余，也才能让自己与他人的交往变得更加和谐顺畅。

幽默，让你成为众人瞩目的焦点

古人云，“笑一笑，十年少”。由此可见幽默对于人保持年轻的心态和健康的身体都是非常重要的。有很多细心的朋友都会有这样的发现，即在欢声大笑之后，原本抑郁的心情仿佛真的会被消除，幽默的确能带给人愉悦的情绪体验。因而，自古以来幽默就有很好的强身健体和愉悦心情的效果，其具备超强的养生功效，当然对于人际交往的辅助作用也不容小觑。对于每一个想要成为社交明星，也想变得众人瞩目的人而言，都应该努力提升自己的幽默能力，让自己变得更加受人欢迎。

自古以来，很多西方国家的人就很重视幽默的力量。不但很多女性朋友在寻找伴侣时注重对方是否幽默，而且很多人在结交朋友，或者是招聘人才的过程中，都会非常重视应聘者是否有幽默的能力。生活不如意十之八九，人生不可能永远顺遂如意，所以我们唯有学会幽默，才能让自己笑口常开，也才能驱散生活中的阴霾，从而使人生更多一些欢声笑语。

英国大名鼎鼎的作家萧伯纳曾经评价幽默时说：“对于一辆马车而言，幽默就像是减振弹簧，能够避免马车在布满小石子的路上不停地颠簸。”的确如此，社交场合就像是一条坎坷崎岖的路，我们很难一帆风顺，而且有的

时候还会因为某些突发状况，导致各种意外的发生。在这种情况下，我们是否能够机智灵活地运用幽默的力量化解尴尬，就显得尤为重要了。尤其是在人多的情况下遭遇冷场或者尴尬时，如何巧妙地运用幽默感打圆场，往往决定了交谈下一步的进展能否顺利进行。因而，我们必须学会运用幽默来提高自己的语言表达能力和人际交往能力，从而才能让自己得到更多人的肯定和认可。

苏格拉底是古希腊大名鼎鼎的哲学家，人人都知道他的妻子非常彪悍，但是他却能够和妻子和谐相处，很少与妻子发生冲突。有一天，苏格拉底正在给学生们上课，学生们却亲眼见识到他妻子的厉害。正当苏格拉底全神贯注地给学生们讲授知识时，他妻子突然怒气冲冲地冲进教室，劈头盖脸地对着苏格拉底就是一通骂。苏格拉底不以为然，等到妻子离开之后，依然专心地给学生们讲课。然而没过多久，她的妻子又拎着一桶水冲进教室，而且还把整整一桶水都浇到苏格拉底的头上。苏格拉底从头到脚都湿漉漉的，原本学生们都觉得就算苏格拉底再有涵养，脾气再好，也肯定会大发脾气的。没想到，苏格拉底等到妻子走后，擦干净脸上的水，笑着说："我就知道，雷声之后，狂风暴雨一定会随之而来。"听到苏格拉底幽默的话，学生们忍不住哈哈大笑起来。就这样，苏格拉底只以一句简单的话就化解了自己的尴尬局面，也让学生们能够继续上课，把之前的不愉快全都抛之脑后。

现实生活中，因为每个人都是这个世界上独一无二的个体，而且每个人的脾气秉性都是完全不同的。因此，人与人之间难免会产生隔阂与摩擦，也会因此陷入尴尬的冷场和沉默之中。在这种情况下，懂得幽默的人则能够以幽默感打破人与人之间的坚冰，让彼此从冷场进入热烈的气氛中，让坚冰逐渐融化，这样人们之间的不愉快就能烟消云散。特别是在如今复杂的社会场合，假如我们是和熟人交往时产生了不愉快，尚且可以相互体谅和理解，让不快烟消云散。但是如果我们面对的是陌生人，那么因为彼此之间缺乏理解，很容易因为小小的不愉快，就与对方心生隔阂。要知道，心结易结不易解，最好在交往之初就奠定良好的基础，这是比事后弥补更加明智理性的选择。

一般情况下，幽默的人都是有共性的，诸如性格开朗、积极乐观、心胸开阔。在社交场合，幽默的人仿佛具备磁场和吸引力，能够把很多人都吸引到他们的身边，牢牢地环绕在他们的周围。当然，需要注意的是幽默和滑稽是完全不同的概念，更与低俗的玩笑不是一回事。也许滑稽和低俗的玩笑能够使人当时发笑，但是却很少能够给人带来真正的智慧和反思。面对人生的波折和坎坷，只有具备幽默感，我们才能给自己寻找到更多的快乐，也才能给他人带去更多的欢声笑语。如果说负面情绪是一种毒药，那么幽默感则能够成功化解负面情绪的毒，也能改变人生的厄运，使人们拥有快乐的人生。

融洽的交谈氛围，有助于人们敞开心扉

人与人的交谈并非是岁随随便便就可以进行的，尤其是知心好友之间的谈心更是如此。很多朋友都会有这样的发现，即哪怕是和亲近的知心好友之间，或者是与亲密无间的爱人之间，也并非随时随地都能说出掏心掏肺的话。反而是在特殊的场合，或者是大家都敞开心扉，或者是三五好友在一起小酌时，大家才能受到热烈的交谈氛围的影响，更加愿意倾诉自己的苦衷。从这个角度而言，唯有融洽的交谈氛围，才有助于大家敞开心扉尽情畅谈，而要想让每个人都积极投身于交谈之中，就必须营造良好的交谈氛围。

其实，除了交谈讲究氛围之外，很多事情都需要有合适的氛围。例如，孩子们学习需要氛围，读书需要氛围等。在一个家庭之中，如果父母总是要求孩子要认真读书、少看电视，但是自己却总是捧着手机，对着电脑，那么可想而知，孩子们也是不可能专心读书的，甚至还会有孩子以其父母为榜样，从而排斥和抗拒读书。

现代职场中很多上司都喜欢给下属开会，而且他们的官本位观念很严重，总是对下属一本正经，绝不愿意轻易放松表情。试想，职场中的上司对下属，并非是老师对学生的关系，况且有很多老师都不会这么严肃地对待学生，更何况是领导呢？！有的时候，如果上司过于拒人于千里之外，那么非但无法得到下属的认可和爱戴，反而会使下属对他们心生畏惧，易产生隔阂。尤其需要注意的是，上司千万不要在开会时板着脸，对待下属不苟言笑，更不要把好端端的会议变成一言堂，不然下属们一定会关闭心门，从此之后再也不愿意和上司和平相处了。尤其是现代很多公司都需要下属们集思广益，才能征集到更多的创意。在这种情况下，上司更要给下属营造平等民主的气氛，从而让下属能畅所欲言，共同为公司的发展壮大贡献力量。当然，要想达到这样良好的交谈效果，上司作为会议的主持人就必须用心营造良好的交谈氛围。

作为一家公告公司的策划总监，陆玲每次开创意座谈会之前，都会先和同事们说些无关紧要的小笑话，或者和同事们谈论时下的热点话题，甚至是娱乐新闻，从而帮助同事们放松心情，激发创意。陆玲很清楚，他们是广告公司的策划部门，根本不需要和同事之间的关系中规中矩，等级森严，而是要民主平等，这样同事们才会更加放松，也才能集思广益，说不定就能迸发出绝佳的金点子。

有的时候，陆玲还会自掏腰包，给开会的部门同事准备很多小零食，诸如雪碧、可乐、薯片和巧克力，以及各种干果等。这样，同事们才可以边吃边聊。最夸张的一次，陆玲选在下午三点以后开创意座谈会，居然还买了久久鸭的休闲食品、冰镇啤酒等，从而活生生地把一次座谈会开成了茶话会。不过会议的效果非常好，简直出乎陆玲的意料，那次会议上有很多新奇有趣的创意出炉。当然，后来因为其他部门的同事有意见，他们没能再召开类似的茶话创意会，但是陆玲却把开会的地点转移到KTV包间，或者是酒吧的包间。这样大家依然可以边吃边聊，处理完工作后还可以多喝点儿酒水，撒酒疯呢。

不得不说，陆玲虽然工作的方式很独特，但是却取得了良好的效果，由此可见陆玲是一个深谙领导艺术，也是能够把会议开得独具特色、别开生面的人。但是，对于任何事情而言，虽然过程很重要，但是结果更重要。尤其是在广告创意公司，这样不拘一格的开会方式，恰恰能帮助陆玲很好地完成工作，更加深了与同事之间的了解。毫无疑问，对以创意为生存力和竞争力的团队而言，良好的交谈气氛是必不可少的。陆玲正是因为意识到了这一点，才把营造谈话氛围作为自己的首要任务去完成，也的确在工作上取得了非常好的效果。

很多时候，在与他人交谈时，我们最重要的不是让人对我们望而生畏，只是一声不吭地听我们讲，而是要能够激发出他人的兴趣，让他人也谈兴浓郁，这样我们才能与他人成功地深入交谈。当然，也许有朋友会说，我们与朋友之间当然可以相谈甚欢，但是在与陌生人交流时，我们很难营造出良好的交谈氛围啊！其实不然，不管是与朋友相处，还是与陌生人相处，我们只要选择恰当的话题，总是能够赢得他人尊重和认可的。尤其是当我们足够真诚和坦率，而且能说些他人感兴趣的话题时，交谈自然会更加顺畅。总而言之，当话题变得轻松，当我们的心足够真诚和友善，他人一定会感受到我们

的善意，从而回馈给我们同样的友善和热情。

有智慧的人，才能用幽默的方式批评他人

人的本性就是趋利避害，每个人都希望趋近于对自己有利的东西，而不愿意被批评和否定，这是人的本能，是无可指责的。然而，现实生活中，人们不可能在每时每刻和每件事情上都表现突出，由此一来，导致每个人都难以避免遭到他人的批评。例如，我们小学阶段因为学习成绩波动或者作业没有认真按时地完成，会遭到老师的批评。再如，我们长大成人参加工作后，也有可能在工作中有不尽如人意的地方，而会遭到领导的批评。在这种情况下，我们如何面对批评呢？相信大多数人对于批评都会有深刻的感受，或者觉得自己很委屈，或者觉得自己很没有面子，或者觉得自己很难堪和尴尬，恨不得找个地洞钻进去。总而言之，没有人愿意被批评和否定，这一点是毋庸置疑的。

然而，随着年岁的增长，我们渐渐长大，从那个经常被别人批评的孩子，渐渐成为有权力批评他人的人。我们有了自己的孩子，需要为孩子指出缺点和不足；我们成为公司里的管理者，因而时不时地要敲打下属。这样一来，我们会发现自己面临着一个新的难题，即我们根本不知道如何才能有效地批评他人，而且还不伤害他人的自尊。正因为我们曾经饱受被批评的烦恼，所以我们才会困扰于此，因为我们不想把自己曾经感受到的难堪和尴尬再施加给我们的孩子、朋友或者同事。在这种情况下，掌握批评的艺术就显得至关重要。会恰到好处地批评他人，不但是一种高超的人际交往能力，而

且也是当事人拥有宽容胸怀和智慧的表现。

人非圣贤，孰能无过。每个人一生之中不但要被他人批评，也要接受他人的批评。因而我们对待自身的错误一定要能及时反省，这样才能避免再犯相同的错误。而对于他人的错误，我们也要及时指出来，尤其是对于我们身边的人所犯的错误，往往因为身边的人与我们关系密切，所以委婉批评对方的错误不但要及时，而且也要采用适当的方式、方法。

其实，有的时候我们哪怕声色俱厉地批评他人，也未必能够起到良好的效果。如果我们能够采取幽默的方式批评他人，那么非但能避免伤害他人的自尊心，保全他人的颜面，甚至能使其不产生逆反心理，还能增强批评的效果，让批评达到预期的效果。当然，幽默是人类智慧的最高表现，幽默感也许有一部分是与生俱来的，诸如生性乐观等。但是，大多数情况下都是在后天培养出来的。当我们提升了自己的幽默能力，而且能够恰到好处地把幽默能力发挥到需要的场合。例如用于隐晦地批评那些聪明人，那么一定会起到事半功倍的效果。

曾经有个文学爱好者一直对文学充满兴趣，他满怀热情，而且笔耕不辍地写作。但是他虽然接连投稿，却始终没有任何稿件被采纳。渐渐地，他打起歪主意，想到了走捷径。有一次，他居然抄袭了莎士比亚的作品，并且送到一家杂志社给编辑看。编辑看完莎士比亚的诗作，不动声色地问年轻人："这首诗真的不错，是你自己写的吗？"年轻人连连点头，说："当然，就是我自己写的。这首诗的每句话、每个字，都是我写的。我斟酌字句，呕心沥血，倾尽全力，丝毫不敢懈怠。"这时该编辑突然站起身来，恭恭敬敬地弯腰鞠躬，向着年轻人伸出自己的手，说："尊敬的莎士比亚先生，久仰大名，我一直为自己生得太晚，没有与您有缘相见而感到遗憾。没想到您居然仙风道骨，现在还健在，敢问您这些年在哪里隐居修炼？"听到编辑的这番

话，年轻人不由得羞愧不已，恨不得马上找个地洞钻进去。

这位年轻人居然敢公开抄袭莎士比亚的作品，是觉得编辑孤陋寡闻，对文学一窍不通吗？编辑当然很生气，也觉得很可笑，但是却无法对年轻人发火，也不愿意因此伤了和气。因而编辑才会灵机一动，想出这样幽默的方法批评年轻人。这样一来，年轻人羞愧得恨不得马上钻进地洞，相信以后他再也不敢随便抄袭他人的作品了。编辑也能利用这种委婉的批评方式，保全了自己的好心情，更没有伤害和这位文学爱好者之间的和气。和直截了当指责年轻人抄袭他人作品相比，这样的批评更和气幽默，效果也更加显著。在一团和气之下暗流涌动，做到了令对方心中有数。

每个人自己的牙齿还会碰到舌头，更何况是陌生人之间呢？！因而在与陌生人交谈的过程中，我们必须掌握语言的艺术，尤其是要掌握批评的艺术，这样才能与他人搞好关系，也才能与他人和谐相处，更能够让批评起到预期的效果。如果说直截了当、开门见山的批评是不加掩饰的教育方式，那么带有幽默感的批评方式则更加委婉隐晦，也同样能够达到预期的效果。

幽默地表达不同观点，不至于引起他人反感

在这个世界上，每个人都是独一无二的。每个人不但脾气秉性各不相同，而且兴趣爱好、教育背景、成长经历等，也各不相同。因而当不同的人在一起交流时，难免会出现有意见不统一或者是观点相对立的情况。每当遇到这种状况时，我们与其针尖对麦芒、寸步不让地与他人针锋相对，不如调整心态，从而以平和的方式委婉表达自己的不同观点，避免与他人发生争

执，从而也避免引起他人的反感。这对于经营和维护良好的人际关系，是非常重要的。

那么，如何平和地表达自己的不同观点呢？幽默，就是一种很好的表达方式。我们首先要了解一点，即没有人愿意被他人否定，也没有人愿意接受他人的批评和指责。而否定他人的观点，提出自己的观点和意见，恰恰就是某种形式上的不认可，这是任何人都不愿意接受的。有很多人性情直爽，总是毫不掩饰自己对于他人观点的否定，直接表明自己的观点，这样当然是不受人欢迎的做法。其实，很多事情如果换一种方式去做，就会给人不同的感觉；很多话如果换一种方式去说，也不至于招致他人反感。只要我们多多用心，在表达自己的不同观点之前先认可他人的观点，然后再以幽默的方式说出自己的观点，那么我们就不会那么惹人生厌，也不会与他人关系紧张了。

西方国家的人非常聪明，而且很幽默也很有智慧。有一次，一条公路因为年久失修出现了一个巨大的坑洞，导致村民们出行很不方便。思来想去，村民们萌生了一种想法，即让政府修路。但是，直接给政府提意见也许会事与愿违，甚至还会因为不小心得罪政府而损害村民的合法利益。因而，很多有智慧的村民汇集在一起想办法。最终，他们想出了一个好办法。那就是邀请摄影艺术家为公路上的大坑拍摄趣味横生的照片，这样不但能如实地描述出大坑之大，以及大坑对人们正常生活带来的影响，而且也不会有批评政府不修路的嫌疑。果不其然，在艺术家拍摄的一组照片中，有婴儿在大坑里游泳的照片，有大象在大坑里洗澡的照片，还有穿着比基尼的美女在大坑旁边进行日光浴的照片。政府相关的负责人看到这组照片后觉得很有趣，马上就安排相关人员去该公路进行实地查看，并且在最短的时间内解决了修补大坑的问题。看到问题如此顺利地得以解决，村民们高兴极了，也深刻意识到利用幽默感进行批评，以及提升语言表达能力的重要性。

在这个事例中，假如村民没有采取这种幽默的方式反映现实情况，表达他们的不满，而是直截了当地批评政府不修路，那么事情的解决一定不会这么愉快而顺利。西方有句谚语——条条大路通罗马。这句话原本用于形容罗马城非常繁华，有很多道路可以到达。我们也可以将其意思加以引申，即曲线救国。当直路走不通的时候，我们也可以走弯路，最终都能到达目的地。

现实生活中，我们总是会有与他人意见不一致的情况发生。每当这时，直接地说出自己的想法，无视他人的想法，或者与他人针锋相对、各持己见，都不是最好的解决方法。我们不但要达到预期的目的，更要讲究解决问题的方法，这样才能各方面兼顾，圆满地解决问题。

尴尬冷场时，利用幽默隆重登场

人与人相处时，最尴尬的情况就是发生冷场。尤其是在与陌生人相处时，假如好不容易才与陌生人成功搭讪，却因为一言不合，就与对方谈话中止，陷入难堪的沉默，那么无异于功亏一篑，会导致交谈不欢而散，甚至还会伤害我们与陌生人之间的良好关系。

每个人在一生之中都不是一帆风顺的，每个人都会面临生活中各个方面的坎坷和不如意。现代社会人际关系被提升到前所未有的高度，人脉资源更是很多人非常重视的资源之一。所谓多个朋友多条路，多个敌人多堵墙。尤其是作为职场人士，认识的人更多，拥有更多的朋友，也就更多了一些可能性。所以，我们必须充分认识人际关系的重要性。

当然，经营好人际关系并非是轻而易举的事情。人心往往是很难揣测的，尤其是在交往和交谈的过程中，更是充满了各种不可控的因素。所以要想与他人更好地交谈和交往，我们就要提升自己的应变能力。当我们能够打破尴尬和沉默，成功消除冷场，那么我们的人际交往能力就会有很大的提高，我们也会因此被称为冷场的救星，而得到更多人的认可和尊重。

那么，也许有朋友会问：“用幽默化解尴尬，到底要怎么做呢？”其实很简单，只要我们机智灵活，能够随机应变，那么我们就能巧妙地利用幽默感化解尴尬。当然，幽默的方式是为了营造良好的谈话氛围，所以我们才能成功打破冷场，融化人与人之间的坚冰，让谈话的过程而和谐美好。

在宽阔的道路上，一辆公交车正在向前疾驰。突然，一只小狗从路边冲出来，导致公交车司机踩了一脚急刹车。坐着的乘客们还好，可以及时扶住前排座位的把手，避免被磕碰到。站着的乘客可就倒霉了，一位男士毫无防备地撞到一位女士的身上，险些把女士撞倒。当时正值夏季，每个人都穿得很单薄，因而该女士当即破口大骂：“你怎么回事？什么德行啊！”该男士其实也很尴尬，又不能怪公交车司机。为了消除女士的愤怒，他当即灵机一动，说：“女士，我很抱歉，不过这真不是什么德行，完全是因为公交车的惯性。”该男士话音刚落，车上的乘客们就暴发出友善的笑声，该女士也忍俊不禁，再也不生气了。

这时，公交车司机马上道歉说：“很抱歉，对不起啊！刚才马路上冲出来一只小狗，我下意识地就踩了一脚急刹车，没给大家造成伤害吧？”大家纷纷表示理解，没有人责备公交车司机，转眼之间整个公交车厢里都弥漫着友好和善意。

在这个事例中，一位男士因为公交车突然停车，导致撞到一位女士，原本也不是他的错，但是他却被女士狠狠地批评了一句。幸好这位男士修养很好，没有当即为自己辩解，更没有对该女士反唇相讥，而是以“惯性”和

“德行”两词，巧妙地将事实解释清楚，而且令大家暴发出友善的笑声，最终赢得该女士的宽容和理解。

人本来就是群居动物，每个人都很难脱离人群生活。在人与人交往的过程中，人们难免会因为各种原因产生摩擦，在这种情况下与其因为与他人针锋相对而导致人际关系恶化，不如以幽默的方式化解尴尬，这样不但能够消除尴尬的局面，而且也能够起到活跃气氛的作用，使得人际关系更加和谐顺畅。

自嘲，是幽默的最高表现形式

生活中，每个人都难免会遇到各种各样尴尬的情况，每当这时，我们是与他人反目成仇，维护自己的尊严和面子，还是采取更恰到好处的方法反击他人，并且还不破坏人际关系，这是个值得深思的问题。人际关系的建立，往往是一个漫长的过程，如果因为小小的不愉快就导致人际关系被破坏，简直是得不偿失。其实，很多时候我们觉得自己的面子受到了他人伤害，因而对他人非常憎恶，反而会得不偿失。在他人嘲讽我们时，在我们觉得尴尬难堪时，我们如果能够以幽默的方式进行自嘲，能起到负负得正的作用，反而能够为我们力挽狂澜，挽回面子，也绝不会伤害他人。所以有人说，自嘲是幽默的最高表现形式。只要能够恰到好处地运用自嘲，我们的人际关系就会更加和谐顺畅。

当然，自嘲不是自我贬低，而是以自我贬低的方式，对他人进行强有力的反击。这样一来，我们反而能通过自嘲强化自我的尊严，成功反驳别人，并且于无形中让别人对我们心服口服。

电视剧《芙蓉锦》杀青时，导演携众演员在北京举行记者招待会。当天，诸多记者齐聚一堂，他们都积极地对演员和导演进行提问。作为主演之一，何润东自然得到了很多记者的关注，他也一直在配合记者，耐心地回答问题。突然之间，有个记者毫无征兆地问何润东："请问，对于某网站进行网络投票选出亚洲最丑十大明星的排名，您作为位居亚洲第二丑的明星，对此有何看法？"该记者话音刚落，全场的人都陷入了尴尬之中，没有任何人发出声音，虽然导演和其他演员都急在心里，却都不知道如何才能帮助何润东摆脱这种尴尬和难堪的局面。

出乎大家预料的是何润东镇定自若地说："对此，我表示很遗憾，也觉得对不起这张已经跟了我几十年的脸。要知道，这可是我第一次在亚洲进入排名，我很可惜为何我不能战胜吴莫愁，成为排名第一的亚洲男星呢？！要是真的结果如我所愿，我一定会觉得万分荣幸！"何润东的话音刚落，全场就暴发出热烈的掌声，那个故意刁难何润东的记者羞愧地结束了提问，坐在座位上，再也不敢吭声了。

毫无疑问，作为一名艺人，作为实力派和偶像派的演员，却上了亚洲最丑男星的排行榜，这对于何润东而言自然是件非常尴尬的事。尤其是在各家新闻媒体都在场的记者招待会上，这样公然被他人挑衅，更是使人难以忍受的。不过何润东的自嘲却非常完美地解决了难题，因为自嘲，他反而成功地消除了自己的尴尬，也使得自己的机智、幽默和风趣，得到了在场所有人的赞许和掌声。

生活中，谁能保证自己永远不会遇到尴尬的时刻呢？每当遇到尴尬的时候，我们如果无所顾忌地与对方针锋相对，只会导致事情更加恶化。但是如果我们能改变思路，而以带有幽默感的自嘲来缓解现场的尴尬气氛，则不但

能够有力地反击对方，也能使现场的所有人都如释重负。

总而言之，幽默的力量远远超乎我们的想象，我们只有巧妙地运用幽默，恰到好处地进行自嘲，才能消除尴尬于无形，也才能展现出我们的幽默、风趣和智慧，向他人彰显我们已经进入人际交往的最高境界。尤其是在人多冷场的时候，当我们以自嘲消除自己的尴尬，我们不但能维护自己的面子和尊严，也能帮助我们身边的人松一口气，不再感到万分紧张。

第 11 章

掌握花样提问法，问对问题让陌生人主动开口

在人际交往中，交谈起到非常重要的作用，而要想使交谈更加和谐融洽，能激起对方的谈兴，掌握提问的有效方法是非常重要的。提问的方式有很多种，假如总是死板地问答，那么很难激起人们的兴致，唯有掌握更多的提问方法，让人们觉得耳目一新，才能让他人对你的谈话感兴趣，也才能让他人愉快地回答你的提问。

提出让对方感兴趣的话题，对方一定会回答

很多人都曾经在电视上看到过明星接受采访的新闻或者娱乐报道，细心的朋友们会发现，明星对于感兴趣的话题很快就会给出那些令人满意的答案，但是对于他们不感兴趣的话题，他们则会避而不谈，或者直接拒绝回答。的确，这是人的本能，当一个问题非常棘手，而且回答了也未必会得到好的结果时，人们总是选择避而不答。与此相反，当人们对于一个问题很感兴趣，而且也乐于做出回答时，那么他们一定会积极主动地回答问题，对于提问者更不会产生排斥和抵触的情绪。

由此可见，在人际交往的过程中，在与他人交流时，我们要想使交流能顺畅进行，就必须提出让对方感兴趣的话题，这样才能激起对方的谈兴，也才能让对方乐于回答我们的问题。假如你曾经对各种各样的交谈进行过细致观察，你会发现几乎所有人与人之间的交流，都是从提问开始的。中国人向来喜欢以“吃饭了吗”作为寒暄语，这句话在很长时间里一直能帮助人们建立起联系。此外，在英国，因为气候湿润，经常大雾弥漫，所以人们更加习惯了以天气与人搭讪，从而彼此展开话题。

很多人在与陌生人交流时，最担心的问题就是害怕交谈不能继续下去。

其实，只要我们能够找到合适的话题，让对方对谈话兴致盎然，对方一定会乐于对我们做出回答。尤其是对于陌生人之间，原本彼此就心怀戒备，假如提出的又是对方不想回答的问题，那么一定会使谈话气氛更加尴尬。当然，我们并不是任何人肚子里的蛔虫，也无法完全了解陌生人的所思所想。但是我们很了解自己，所以可以由己及人，推测出对方的想法。这样一来，我们才能设身处地地为对方着想，也才能更加了解对方。一般情况下，如果我们事先并不了解陌生人，而且在正式展开交谈之前也没有机会了解陌生人，那么我们可以一边观察，一边在交谈过程中加深对陌生人的了解。通常情况下，人们对于自己感兴趣或者排斥的话题，反应是截然不同的。总之，我们要根据谈话对象的具体情况和表现，随时调整交谈的策略，从而让交谈能顺畅进行下去。

一天，艾瑞搭乘火车外出旅行。乘火车自然是件枯燥乏味的事，为此艾瑞决定要和身边的人搭讪。他先是对身边的人进行了一番观察，发现对方是个二十多岁的年轻女孩儿，看起来很像大学生，又看到对方的书包里露出一本书，是世界名著《飘》，艾瑞意识到对方一定很喜欢文学，而且也有着浪漫的情怀。为此，艾瑞问女孩儿："你也是一个人独自旅行吗？"女孩儿点点头没有说话。显而易见，艾瑞碰了个小小的钉子。的确，当女孩儿孤身一人旅行时，她们总是非常谨慎小心，不愿意和任何陌生人搭讪。

这时，艾瑞又问女孩儿："你看完《飘》了吗？你对斯嘉丽和白瑞德怎么看？"听到艾瑞的这句话，女孩儿的眼睛里不由得熠熠闪光。她问艾瑞："你也看过《飘》？"艾瑞点点头说："是的，大学期间就读过两遍。后来工作了，虽然一直想要重读，但是却始终没有时间。真怀念大学时光啊！可以悠闲地四处走走看看，做自己想做的事情，也能够有大量的时间读各种经典著作。"女孩儿问他："你觉得是大学时代好，还是工作以后自己经济独立后好呢？其实，我一直盼望着能够大学毕业，尽快独立。”艾瑞笑着说：“其实读大学期间，我的想法和你一样，但是如果现在让我进行选择，我更愿意珍惜大学的美好时光，好好读书，好好学习，充实自己……”就这样，艾瑞和女孩儿你一句我一句地聊了起来，这主要是因为艾瑞提问时问到了女孩儿最感兴趣的话题，那就是对《飘》中斯嘉丽和白瑞德的看法。

每个人对于自己不感兴趣的话题，总是会表示排斥，尤其是当这些话题是由陌生人提出来时，人们的抵触情绪会更强。要想与陌生人成功搭讪，顺利与陌生人展开交谈，就一定要提出对方乐意回答的问题。当然，找准兴趣点是关键。艾瑞的提问之所以能够引发女孩儿的兴趣，就是因为他提起了女孩儿独自旅行都要带在身边的书。

现实生活中，我们有很多时候都要与陌生人交流。在和陌生人交谈时，我们一定要注意提问的方式、方法，也要把问题提得恰到好处。唯有如此，我们才能更好地与陌生人交流，也才能使我们的人脉资源得到不断地补充。当然，需要注意的是，除了要能提出让对方感兴趣的话题之外，谈话之中也是有很多禁忌的。我们要避开对方的隐私，也不要说容易招致对方猜疑和不满的话题，这样我们与对方才能和谐交流，我们也才能成功地打开对方的心扉。

问题越是具体，越是便于回答

现实生活中的事情是琐碎的，所以很多人的烦恼会相差无几。当我们和其他人说起自己的烦心事时，多数人往往能够非常理解我们，甚至对我们的经历感同身受，这是因为对于他们而言，生活也同样是沉重且苦不堪言的。因此，在和陌生人交谈时，最好先从琐碎事情切入。

也有很多人觉得说那些琐碎的事情是掉架子，其实不然。琐碎的事情固然烦琐，但是却能够帮助我们更易于与他人产生共鸣和同感，也能使我们与他人之间的关系变得亲近起来。事实上你会发现，哪怕两个人之间拥有相似的烦恼，也能拉近彼此之间的心理距离，让他们变得亲近和熟稔起来。此外，搭讪的时候，人们总是把很多问题都说得空泛，其实这是完全没有必要的。越是生动具体的问题，越容易回答，也使得人们乐于回答。所以在与陌生人交往时，如果我们能够说些具体生动的问题，就会得到他人的积极响应，也会使我们与他人的交流进展得更加顺利。

举例而言，曾经有位记者在采访政府要员时问：“你怎样看待中西方关系？”毫无疑问，这个问题大得没有边界，让人无从回答。日常生活中也是如此，很多人一见他人的面就问：“最近如何？”他人往往只能尴尬地笑笑，含糊其词地说：“不错，不错。还好，还好。”的确，对于这样的问题也就只能这样来回答了，因为生活的覆盖面实在太广了，遇到他人这么没头没脑的问题，我们根本摸不着头脑，更找不到恰到好处的语句来回答。所以，含糊其词就成为其必然的选择。其实，大多数人之所以会提出这样的问题，就是为了从他人口中得到更多的有效信息，但是凡事欲速则不达，饭要一口一口地吃，交谈也要一步一步地进行。我们越是想要一下子知道所有的信息，我们越是连一点儿详细具体的信息都无从知晓。因而我们必须耐心地向他人提出疑问，从而才能循序渐进，得到更多有效的信息。

要想得到他人的有效回答，我们必须注意提问的方式和方法，而且要提有水平的问题。我们唯有以最合适的方式提问，才能得到他人最圆满的回答。当我们坚持用具体的信息提问他人时，我们会发现他人的回答也会变得更加轻松有趣。这样一来，我们与他人的交谈才会顺利进行，我们也才能通过提问，得到他人切实有效的回答。

转眼之间，马玉他们已经走出校园十年了。在毕业十周年的同学聚会上，当初走出校园还很青涩的同学们齐聚一堂，看着彼此依稀改变的容颜，不由得感慨万分。大家已经十年未见了，有的同学再见面时依然和上学期间一样亲热，似乎从未分开更未改变过，有的同学之间却觉得很陌生。不过，随着交谈的深入，他们也变得越来越熟悉起来。

马玉问曲敏："曲敏，这十年你过得怎么样？"曲敏看着马玉，反问道："您是想问哪些方面呢？"马玉笑着说："你呀，还是伶牙俐齿，得理不饶人。好吧，我重新问，你现在在哪里高就呢？"曲敏笑着说："我还能在哪里啊，还不是在学校。虽然已经毕业十年了，也才只混了个教学主任。悲惨啊！对了，你呢？听说你当初一毕业就去大城市了，现在有什么收获吗？"马玉笑着说："我呀，当然没有你们稳定，毕竟是在私企，工作压力很大，可不像当老师那样能旱涝保收。不过私企倒是的确很能锻炼人，我毕业十年，换了两家公司，现在这家公司已经工作了六年，是公司的中层管理者，负责管理一个小部门。"听到马玉的话，曲敏羡慕地说："真好，你的人生可比我们丰富多了。对了，你是在上海吧，据说上海可是寸土寸金，房子超级贵！"马玉说："的确如此，大城市挣得多，花得也多，各方面开销都很大。不过幸好我买房早，用自己的积蓄加上双方父母的赞助，勉强付了首付。要是最近几年可真是买不起，房价不知道翻了几倍了。"曲敏似乎得到了马玉的启发，又迫不及待地问："你媳妇是上海人吗？据说上海女人都娇滴滴的，而且特别爱管老公。哈哈，你是不是也是个怕媳妇的主啊！"马玉反问道："你看我这样，是怕媳妇的人吗？我媳妇是西安人，是在上海读大学之后留在上海工作的。我们家是平等民主的，遇事商量吧，没有谁管

谁。毕竟在上海打拼不易，我们唯有团结一心，才能奋勇向前……”

就这样，马玉和曲敏聊得不亦乐乎。因为他们俩都很会提问，所以他们才能在分别十年之后相谈甚欢。

越是具体生动的问题，越能够激起人们的谈兴，让人们相谈甚欢。虽然曲敏和马玉已经相隔十年未见了，但是他们却能够透过一个个生动的问题了解对方的生活现状，彼此之间也迅速变得熟悉起来。曾经单纯的同学情谊，如今在他们对彼此的关心和询问中，变成了浓郁的友情。现实生活中，我们总是要与形形色色的人搭讪或者攀谈。尤其是在面对陌生人时，我们更要杜绝假大空的谈话，而要从生活的细节入手，越是平实的话题，越是能使人心中感受到温暖，也更愿意回答。

当然，未必所有的交谈都适合从生活琐事开始谈起。有很多商务谈判虽然也需要进行寒暄，但是却是礼节性的，根本不会对生活中的柴、米、油、盐、酱、醋、茶进行询问。要想使问题具体，我么可以掌握两个原则：一是提问的语言要生动具体；二是提问的范围要缩小。这样才能更有针对性，也才能令回答的人能有的放矢。

聪明的人，总是给对方创造机会诉说其得意之事

常言道，“好汉不提当年勇”。殊不知现实生活中却恰恰与此相反，除了那些顶天立地的大人物无暇提起自己的当年勇之外，有很多人都热衷于说起自己的当年勇。在回忆往昔精彩辉煌的岁月时，他们往往能找回自己的信心，也能够让自己变得神采飞扬。诸如一个六十多岁的老人，原本退休后无

聊的生活让他感到很乏味，似乎觉得生活一下子失去了乐趣，但是只要提起他年轻时的伟大壮举或者是光辉事迹，他马上就会神采奕奕，完全忘记自己现在不如意的生活，只顾着诉说自己当年是多么勇敢多么令人刮目相看。

由此可见，古人所说的“好汉不提当年勇”只是一个美好的愿望，并非所有的人都能心甘情愿地做到这一点。现实生活中，好汉爱提当年勇，而且很多好汉一提起自己当年的英勇事迹就根本停不了口，恨不得把所有细节都陈述一遍，以便赢得人们更多羡慕的目光和钦佩的感慨。假如我们推己及人，想象到其他人对于自己当年英勇壮举也会持有同样的态度，那么我们就会知道，我们要想打开他人的话匣子，就要多多提起他人的当年勇，这样他们才会一边讲述自己的光辉历史，一边自鸣得意。在这种情况下，哪怕是个性格内向的人，也会因为昔日的辉煌和激动的情绪瞬间就像变了一个人一样，变得非常健谈，非常外向开朗，甚至还会老王卖瓜自卖自夸。

朋友们，虽然接近陌生人、打开陌生人的心扉看起来很难，但是也并非像我们想象中的那么不可实现。只要我们采取合适的态度面对他人，只要我们积极地帮助他人打开心扉，只要我们给予他人机会诉说自己的当年勇，展示自己与众不同的那一面，他们就会变得健谈，而再也不会沉默寡言了。

丽丽是一名保险推销员，一直以来，她都在跟进一家大企业的老板，因为这个老板不但想给自己和家人买保险，还想给所有的员工买保险，一旦能说服这个大老板就会有一笔大生意。丽丽虽然每次拜访该老板都会被拒之门外，或者被冷漠拒绝，但是她从未想过要放弃。

一个偶然的机会，丽丽得知这位老板当初发家的时候历经艰难，饱尝艰辛，因而她决定从该老板的光辉历史入手。她从多方面搜集了关于这个老板的信息，并且还了解了该老板的家世、背景以及创业史。之后，她再次去拜访该老板，先没有提起买保险的事情，而是先发制人，在该老板对她表现出

不耐烦的表情之前，先对该老板说：“张总，我前段时间参加了一个聚会。那个时候，我才知道您是多么的了不起，多么的伟大！”该老板不知所以然地问：“什么聚会？和我有什么关系？”丽丽说：“其实按照我的身份、地位是根本没资格参加那种高规格聚会的，我只是沾了一个客户的光，才得以进入会场。这个客户和您一样也是位老板，当天我和他办理完购买保险的手续后，他觉得很高兴，所以邀请我一起去赴会。在那个聚会上，参与者全都是各行各业里有头有脸的人物。我听到好几个大老板提起您，还都对您竖起了大拇指。我不知为何他们这么佩服您，就多嘴问了问，这才知道您当年发家致富之前只是个走街串巷的卖货郎，之后凭着自己的辛苦和努力，终于创办了现在的大企业。”

听到丽丽的话，姑且不管丽丽是从哪里听来的，张总瞬间心花怒放。的确，每一个人都渴望得到他人的认可，也希望自己的付出能得到更多的回报，显而易见他已经拥有了实实在在的成就，也在社会上有头有脸的人面前赢得了自己的地位。想到这里，张总开始侃侃而谈自己的创业史，而丽丽则像是一个虚心好学的小学生一样，时不时地就会点点头，附和张总的谈话。就这样，这次会面丽丽根本无暇和张总说起自己的经历，但是张总却说得兴致盎然，直到天色已晚，才恍然大悟自己已经耽误了丽丽很长时间。出于歉意，他请丽丽一起吃晚餐。丽丽则借机和张总拉近关系，成为张总的朋友。可想而知，此后张总不管买什么保险，总也不会避开丽丽，因为他们已经成为相谈甚欢的朋友了。

丽丽很聪明，她面对一直没能被说服的客户，最终想出一个绝妙的好主意，即给予客户机会诉说自己的当年勇，表现出自己对客户的尊重和崇拜，从而成功地把客户带回过去的岁月里，让客户对自己消除了戒心，甚至还对自己另眼相看。这正是丽丽高明的地方，也正因为如此，她才能成功打开该客户的心扉，从而顺利与其签约。

现实生活中，每个人都惧怕提起自己的糗事，而愿意说起自己的得意之事。所以我们在与他人交往的时候，要想得到他人的认可，就必须主动给予他人机会诉说自己的当年勇。所谓志得意满，当他人对于自己的过往扬扬得意时，他们对我们也会表现出宽容的态度，从而能够更加理解我们，也会采取高姿态更愿意成全我们。

所谓的当年勇，实际上就是我们打开他人心扉的突破口。只要我们真正以此突破他人的内心防线，那么他人就会像我们敞开心扉，因而与我们更加亲近。在面对陌生人时，我们往往很难找到这个突破口，那么我们就有必要多进行观察，才能准确地找到他人的得意之事，给他人机会说起自己的得意之事，这样他们就会兴致勃勃地与我们交谈了。

与其颐指气使，不如谦虚求教

在生活和工作中，很多人都喜欢对人颐指气使，尤其是他们有优点略胜于他人的时候，他们就会更加对人不以为然了。殊不知，数千年前孔老圣人说，“三人行，必有我师焉”，那么作为普通的人，既有优点，也有缺点，又有何资格自以为十全十美，而对人颐指气使呢？我们每一个人都要学习孔子的谦虚态度。人生在世，要想不断进取，不断进步，唯有怀着一颗谦逊的心，才能主动学习，终身学习。尤其是在与人交谈的过程中，人人都好为人师，假如我们能够怀着谦虚的心态主动请教他人，那么一定能够迎合他人好为人师的特点，从而与他人更加和谐地相处和交流。

也许有人会说，我可以尽量少与他人交流。殊不知，现代社会，人作为群居动物的本能表现得越来越明显，随着人与人之间分工与合作关系越发密切，没有任何人能够完全做到不与他人交往，独自生存。特别是现代职场，每个人都是自己职责所在的一颗小小螺丝钉，唯有与他人更好地交流合作，才能让自己的事业得到助力，也才能让自己的职业生涯得到更好的发展。相反，假如我们说起话来总是颐指气使，那么我们就会被他人嫌弃，因为他人并不愿意被我们指使。所以要想拥有好人缘儿，我们就要改变颐指气使的坏毛病，多多虚心向他人求教，这样我们才会受欢迎。

大学毕业后，因为没有找到合适的工作，刘凯不得不在一家办公用品公司当起了推销员。每天，他都要拎着沉重的打印机穿梭于各个写字楼之间，只为了能成功推销其产品。然而，刘凯尽管每天都在外四处奔波，但是整整一个月过去了，他却没有卖出一台打印机。他感到很困惑，也觉得自己并不适合做这份工作。为此，他决定再给自己一个月的时间，如果在工作上还是毫无进展，那么他就果断放弃，重新寻找一份适合自己的工作。

一个炎热的下午，刘凯大汗淋漓地拎着打印机走入一座高档写字楼。他挨个公司问前台的工作人员：“您好，请问您需要最新款的打印机吗？这是我们公司的新产品，功能齐全、性能稳定，是您的不二之选。”刘凯的话刚刚说完，前台的工作人员就头也不抬地说：“不需要，谢谢。”就这样，刘凯不得不提起打印机准备离开。这时，突然又有一个打印机推销员走了过来。刘凯不由得怦然心动：“既然我的推销效果一直不好，我为何不偷学一下别人是如何推销打印机的呢？！反正又不要交学费，不学白不学。”就这样，刘凯站在一旁仔细地观察。

只见那个推销员走到前台，也说了和刘凯相差无几的话，当然，可想而知，他也被拒绝了。这时，刘凯暗自想到：“也没有什么出奇之处啊！”

正当刘凯准备离开时，他却发现那个推销员并没有离开，而是对前台的工作人员说：“是这样的，我能耽误您几分钟的时间，请教您几个问题吗？”出乎刘凯的预料，听到这句话，前台的工作人员马上抬起头，友善地看着推销员，问：“什么事？”和刚才的拒绝相比，前台的工作人员此刻的态度简直就有了一百八十度的大转弯。推销员不慌不忙、满脸笑容地说：“为了给大家提供更好的办公产品，我们公司最近正在开展调查问卷。参与调查问卷的人将会获得一份小小的礼品，我们的问卷是关于办公用品的试用体验，绝对不会涉及隐私问题。”就这样，前台的工作人员放下手里的工作，马上开始填写该调查问卷。在此过程中，刘凯发现那名推销员得到了更多的机会和前台的工作人员攀谈，而且几分钟就和前台的工作人员混了个脸熟。他不由得想道：“和我灰溜溜地、毫无收获地离开相比，这个推销员收获还不错呢！至少认识了前台的工作人员，下次也不会遭遇直截了当的拒绝了。”

刘凯想得很对，正因为这个推销员能够以请教的姿态求助于前台的工作人员，满足了前台的工作人员好为人师的心理，所以前台的工作人员才能对他改变态度，而且与他攀谈起来。由此可见，每个人都喜欢当他人的老师，如果我们想要亲近一个人，尤其是亲近原本对我们心怀戒备的陌生人，那么我们最好的办法就是降低姿态，怀着请教的恭敬态度，真心请教他们一些问题。这个时候，他们不会再把我们当成是惹人生厌的推销员，也不会认为我们颐指气使，而是会因为我们的谦逊和友善更加认可和接受我们，从而与我们的关系变得亲近起来。

其实，不仅仅只有从事推销的朋友们才需要多多请教他人，从而拉近自己与他人的关系。现实生活和工作中，我们也同样需要与各种各样的人打交道。如果我们能够掌握请教他人的方法，更好地与他人相处，那么我们就能改变人际交往时的被动局面，也能够获得好人缘儿。

醉翁之意不在酒，旁敲侧击地问对方

人是最好奇的动物，正如一句网络俗语所说的话——好奇害死猫。每个人都有好奇心，而且总是绞尽脑汁地想要探听更多的消息。其实，别人也是有逆反心理的，我们越是对别人穷追不舍，别人也就越是会想方设法地防备我们，这种情况下我们该怎么做呢？虽然抗日战争年代有很多的汉奸和叛徒，但是如果不是因为生命受到威胁又缺乏足够的毅力和忍耐力，那么很少有人愿意把只有自己知道的秘密与人分享。哪怕我们是在谈话过程中询问他人那些秘密，他人同样会做此反应——守口如瓶。越是我们着急地威逼利诱他们，他们也就越是会反其道而行，反而更加保守秘密。当对方对我们说“就不告诉你，就不告诉你，就不告诉你”时，我们只能忍受着好奇心驱使下的百爪挠心，从而变得更加郁闷。

其实，假如一条直路走不通，我们就可以走弯路，如果能够避直就曲，达到目标，那么也是很好的。很多人都知道要旁敲侧击，越是对于戒备心强、保守秘密的人，我们就越是要采取委婉的方式打探消息。实际上，当我们学会避开与其正面交锋，而是从侧面打探消息，或者想了解某些人和某些事，那么我们就能避免尴尬，同样能够达到目标。实际上，针锋相对固然让人觉得痛快，尤其是彼此滔滔不绝，相互对论时。但是相比之下，如果能够圆融地解决问题，我们又何乐而不为呢？！旁敲侧击有一个最大的好处，那就是假如别人愿意回答我们，他们自然会领会我们的意思。反之，假如别人不愿意回答我们，那么我们也可以佯装什么也没有发生，继续话题的讨论，从而避免与对方发生正面冲突，也避免了彼此的尴尬。这样一来，我们既有后退的空间，对方也有选择的余地，所以说旁敲侧击的提问方式是很有弹性的提问方式，能够让事情得到最圆满的解决。

法拉奇是意大利的一名女记者，她在新闻行业里大名鼎鼎，这主要是因为她的提问总是非常犀利、尖锐。不过，和很多记者在采访过程中总是被拒绝相比，法拉奇的大多数提问都得到了圆满的回答，这难道是因为她有独特的魅力吗？其实不然，只是因为她很喜欢使用委婉含蓄、旁敲侧击的方式提问而已。

有一次，法拉奇采访越南总统阮文绍。此前，法拉奇曾经听说过阮文绍被称为“越南腐败大王”。因而，她很想借此机会听一听阮文绍对此的看法。当然，对于这样一个越南首脑，必要的尊重还是要有的，否则也许会影响国际关系。为此，法拉奇并没有开门见山地提问，而是从侧面问阮文绍：“我曾经听人说，您小时候家境贫寒，生活非常艰苦？”阮文绍被法拉奇的提问带回曾经的艰苦岁月，因而开始讲述自己小时候的艰苦生活。这时，法拉奇突然话锋一转，问：“首先要恭喜您从穷困的岁月中走出来，如今身居高位，再也不会受到贫困的困扰。我也听说，您在很多国家都购置了房产，而且还有巨额存款，对这些传言您怎么看呢？”对于法拉奇有理有据的提问，阮文绍当然不能回避，也因为法拉奇非常尊重他，很有礼貌，所以他也没有理由生气。为此，他认真地介绍了自己的资产，从而为自己澄清了谣言。这样一来，法拉奇顺理成章地得到了阮文绍圆满的回答。

毫无疑问，法拉奇的问题非常犀利，不过她提问的方式却很委婉。她旁敲侧击，从关心阮文绍小时候的贫苦生活谈起，给了阮文绍机会回忆苦难的过去，随着谈话渐入佳境，法拉奇才话锋一转，又问起阮文绍对于现在人们传言他在世界各地都有房产和巨额存款的传闻，从而水到渠成地引入尖锐的问题，但是却让阮文绍无法对她发任何脾气。这样一来，阮文绍也愿意借此机会为自己正名，所以他回答问题的态度也是非常诚恳的。这样一来，法拉奇和阮文绍各取所需，两全其美，从而能让采访顺利进行。

现实生活中的很多时候，我们或者因为急迫，或者因为缺乏耐心，因而总是会开门见山地向他人提出犀利的、难以回答的问题。殊不知，这对于他人是非常难堪的，也使他人感到很无奈，又无法拒绝回答。这样虽然能够帮助我们达成目标，却无形中伤害了我们与他人之间的和气。为了让交谈的气氛始终保持和谐融洽，我们完全可以采取旁敲侧击的方式，从而循序渐进引入正题，也能有效缓和谈话的气氛，让谈话进展更加顺利。

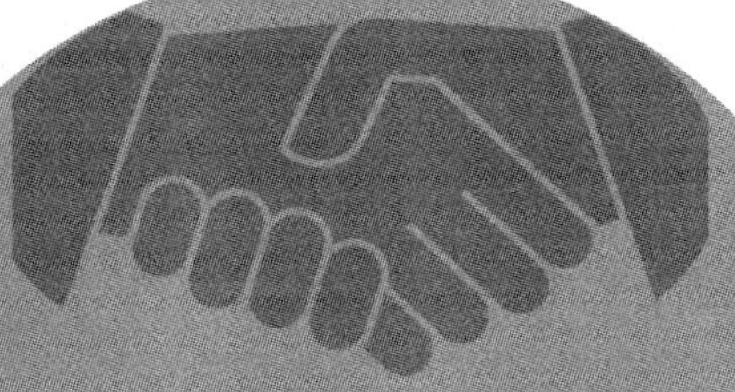

第 12 章

聊天的基本礼仪，这样做让聊天变得更容易

对于擅长交谈的人而言，交谈是件很容易的事情，但是对于不擅长交谈的人而言，交谈则显得艰难。有的时候哪怕当事人付出了巨大的努力，也无法使交谈更加顺利地进行下去。所以要想与他人更好地交谈，我们就应该掌握一些聊天的基本礼仪。常言道，“伸手不打笑脸人”，当我们与他人之间的交谈更加和谐顺畅，我们也就能够赢得他人的认可和赏识，从而使我们与他人建立良好的人际关系。

表现赞美的真诚，赞美他人明显的优点

人的本能就是趋利避害，每个人都喜欢听他人对自己的赞美，而不愿意被他人批评和否定。因而在人际交往的过程中，如果人们能够更加慷慨大方，多发自内心真诚地赞美他人，那么我们与他人的交谈就会水到渠成，也会变得更加容易。

当然，赞美他人也是有技巧的。赞美不能急功近利，急功近利的赞美和阿谀奉承、曲意逢迎无异；赞美不能睁着眼睛说瞎话，我们必须赞美他人切实有的优点，而不能为了取悦他人而随便说些赞美的话；赞美不能过于泛滥，泛滥的赞美同样会变得一文不值。总而言之，赞美要足够真诚，讲究技巧。对于初次见面的陌生人，我们也不能随便赞美。毕竟我们与陌生人是第一次见面，彼此之间并没有太多的了解，如果为了赞美而赞美，非但无法取得预期的效果，反而会导致事与愿违。所以，赞美初次见面的人，我们一定不要睁着眼睛说瞎话，赞美对方完全没有的优点只会导致对方误以为我们是在挖苦讽刺他，而是要赞美对方显而易见的优点，这样对方才会领会我们的好意，从而与我们和谐共处。

每个人都喜欢被人赞美，没有人会拒绝他人对自己的赞美。当得到他

人的赞美时，我们难免会沉醉于其中，似乎我们真的已经变得很美好了。然而，这一切的前提都是赞美必须真心实意，不能敷衍了事。就像拍马屁，假如我们一不小心拍到马蹄子上，那么后果的严重性可想而知。赞美陌生人显而易见的优点是比较保险的行为。首先，陌生人肯定已经不止一次以同样的优点得到人们的赞美，因而他可以据此排除我们是为了阿谀奉承才赞美他的，因而也不会误解我们的人品。其次，赞美他人显而易见的优点，也能够使我们的赞美显得更加友善，而且诚意十足。当对方发现我们是一个不吝啬赞美他人的人，也会对我们留下良好的印象，从而更加认可和赏识我们，与我们和谐相处。总而言之，赞美他人显而易见的优点，是一举多得的好事情，我们可以多做，从而改善人际关系，博得他人欢心。

作为一档综艺节目的主持人，小薇之所以能够与来参加节目的嘉宾产生良好的互动，有的时候甚至像是相处已久的好朋友，就是因为她很擅长赞美他人。例如，有一次有一个女嘉宾来参加节目，还在后台时小薇就大声地赞美女嘉宾：“天啊，你的眼睛可真大，你这才是真正的杏眼，大大的眼睛圆溜溜的，简直迷死人了。”可想而知，女嘉宾先被小薇喂了这个甜枣，在参加节目时自然会对小薇非常配合。

很多同事都想不通小薇为何总能想起赞美嘉宾的话，小薇却说：“哈哈，只要你真的想赞美他人，你就一定能够做好的。人都是有很多优点的，例如，有的女生身材好，有的女生皮肤白，还有的女生眼睛大，或者嘴唇性感、鼻梁高挺。可以说，只要我们想赞美一个人，我们总是能找到她们显而易见的优点。再如，如果是男嘉宾，那就更好夸了。因为男人总是比较粗线条，粗枝大叶的，不会像女人那么敏感细腻。我有的时候夸男嘉宾身材魁梧，有的时候夸男嘉宾是橄榄色的皮肤，看起来很有男子汉的气概。甚至有一次，我还夸一位男嘉宾‘粗心’，从而赞美他胸怀开阔，他也很乐意地接受了。我觉得夸人是最简单的事情，只要我们拥有一双能发现他人优点的眼睛，也有着善良的心，我们总能恰到好处地赞美他人。”

就这样，小薇凭着独特的夸人技能，居然把工作做得风生水起，每一个参加过她节目的嘉宾都与她成为了朋友，而且还会继续推荐其他嘉宾也踊跃参加小薇的节目呢！也因为小薇能成功拉近自己与嘉宾之间的距离，和嘉宾互动的时候总是轻松随意，妙语连珠，所以观众朋友们也很热衷于观赏小薇主持的节目，有很多观众都是小薇的铁杆粉丝。

作为公众人物，有自己的粉丝和固定观众，自然是很好的一件事，这样最起码有稳定的收视率，这恰恰是电视人最在乎的。当然，小薇之所以能有今日的成就，也是因为她天生的亲和力。众所周知，一个明星哪怕再优秀，如果总是表现出高冷，拒人于千里之外，那么他就会缺少人气。小薇凭借着自己的好口才，恰恰走的是亲民路线，她不但和嘉宾关系很好，而且和某些观众也有很好的关系。

人与人之间的交流是否顺畅，就在于他们心中是否能彼此靠近。对于两个完全敞开心扉的人而言，交流根本不是问题。反之如果两个人的心隔着千山万水，那么不管他们掌握多少交流技巧，都是无法使交流顺利进展下去的。所以朋友们，在与陌生人初次见面时，我们就要赞美他们显而易见的优点，从而为我们与他们之间和谐融洽的交往和交流奠定良好的基础，也使人际交往中的很多难题都能得以圆满解决。

不管对方说什么，都先给予肯定

有些人在日常生活中因为思维惯性，会逐渐养成某些不好的语言习惯，还有些人形成了固定的口头禅，不管他人说什么事情或者表达什么观点，他们无一例外地先入为主，都先要否定他人。实际上，这并非是一个好的习惯，而是会使我们与他人之间的关系急速恶化。试想，假如你现在与一个陌生人初次见面，你才刚刚说了几句话，对方就忙不迭地否定你的观点，你会愿意吗？你当然不愿意，你甚至会对对方心生厌烦，恨不得马上与对方分道扬镳，再也不相见。这是因为人本能就会趋利避害，大多数人都只喜欢被肯定和赞美，而不愿意被任何人否定和批评。有的时候，我们明明知道对方批评我们是为了我们好，但是我们就是忍不住，就是想要与对方反目成仇，从而维护自己正当的合法权益。

人，是有很多劣根性的。既然生存在这个世界上，我们与他人之间就难免会产生各种各样的摩擦和矛盾。在这种情况下，如果我们总是与他人针锋相对、据理力争，甚至因此影响了和气，显然是得不偿失的。毕竟，人是离不开群体的，人与人之间都应该相互宽容和忍耐，才能得到他人的认可和尊重。就像刺猬在一起取暖一样，唯有保持适度的距离，才能既相互取暖，又不至于被对方的刺扎伤。那么我们在与他人相处时，如何才能做到两面兼顾呢？我们既要表达自己的观点，又不伤害他人的自尊，的确需要费一番心思。其实，在发表自己的不同意见之前先肯定对方，是一个非常好的人际相处之道。首先，我们肯定了对方的观点，对方必然会心花怒放，也会对我们心存感激。其次，当我们委婉地说出自己的想法或者观点时，他们因为我们已经对其观点表示认可，也无法完全否定我们的观点，这样我们不但表达了自己的观点，还为自己拉拢一个至少不会反对我们的同盟军，岂不是很好吗？

从心理学的角度而言，人都是有互惠心理的。举个最简单的例子，例如，我们给了他人很多好处，那么当我们有求于他人时，他人必然不好意思直接拒绝我们，而是会竭尽所能地帮助我们。再如，我们既然已经先肯定了他人的观点，他人也必然会更加宽容地接纳我们的观点，或者至少他们就算不接纳我们的观点，也不会公然反对。这样一来，我们的处境就会变得更好。当然，假如对方宽容大度，受人滴水之恩就会涌泉相报，那么他们一定会尽量接受我们的观点，从而与我们和谐相处。

大学期间，杨慧谈了一个家境贫穷的男朋友，对于她的恋爱，其父母都持反对的态度。但是父母越是反对得厉害，杨慧就越是坚定不移，甚至还萌生出先和男朋友去领结婚证，再逼迫父母接受自己男朋友的想法。眼看着事情就要向极端化发展，她父母生怕杨慧因为一时冲动做出糊涂的事情，因而找来杨慧从小一起长大的表姐王玲来说服她。

看到久不登门的表姐来了，杨慧一下子就猜到了父母的用意。她说：“好啊，表姐，你和我可是从小一起长大的，难道你也不理解我，非要逼我吗？”她表姐看到杨慧心情激动，抵触情绪很强，赶紧表明自己的立场：“杨慧，我首先声明，我是个爱情至上主义者，其实我是完全站在你这边的。我理解你，也支持你！”一直以来，被父母发动的七大姑、八大姨进行的车轱辘战使杨慧感到十分疲惫，现在看到好不容易来了一个自己的同盟军，不由得感动得热泪盈眶。她赶紧向表姐诉苦。她表姐一直安安静静地听着，时不时还会点头认可杨慧的观点。看到表姐这么理解自己，杨慧说：“表姐，还是你最懂我，不枉咱们俩从小一起长大呢！”这时，表姐委婉地说：“杨慧，人在每个时期的想法都是会变的，你再长大一些多经历些世事

就知道了。当然，我不是说你必须按照舅舅、舅妈的想法去做，我只是想告诉你为了避免自己今后后悔，你应该耐心等待，等到你们的爱情瓜熟蒂落时，再做结婚的决定。当然，我不是为了帮助舅舅、舅妈劝说你，我只想让你慎重一些，给自己更大的选择空间。在此期间你还可以坚持自己的观点，毕竟你有选择男友的自主权，但是我想说结婚太早不是好事情，因为有很多时候人们并不知道自己需要什么。我只是希望你能等自己的心平静下来后再做决定。”在得到表姐的支持后，对于表姐现在合情合理的话，杨慧当然无法反驳。为此，她答应表姐自己不会冲动行事，而是要等自己再长大一些，更加成熟时，再做出明智的选择。

在这个事例中，杨慧表姐在和她交谈之初，就进行了很好的铺垫，所以她才能让杨慧敞开心扉，向她诉说心事。而等到杨慧说出了自己的所思所想之后，她表姐才以委婉的方式告诉杨慧，人是要学着慢慢长大的，任何时候都不要急于求成，才能保证人生不会留有遗憾。她表姐这番合情合理的话，让杨慧无从反驳，所以作为对表姐理解自己的回馈，也愿意接受表姐的好意，采纳表姐的意见。这样的美好相处，让杨慧与表姐之间互惠互利，也能够相互理解和尊重。

和很多说客相比，她表姐之所以没有被杨慧排斥，是因为她表姐首先接纳了杨慧的意见和观点。在说服他人的过程中，我们要想改善我们与他人的关系，就要首先认可他人，从而才能得到他人的尊重。说服工作不是强迫对方接受我们的意见和观点，而是引导对方认可我们的想法，或者至少暂时接纳我们的想法，也为我们更好地解决问题争取了时间。常言道，“人生得一知己足矣”。很多时候，我们虽然想要找到志同道合的好朋友，却很难如愿以偿。在这种情况下，当我们怀着宽容的心理解他人，我们也就能与他人进行融洽的交谈。同时，种瓜得瓜，种豆得豆，我们也就能够得到他人的善待。民间有句俗语，叫做两好换一好。只有两个人互相对对方好，才能最终建立良好的人际关系，也才能使彼此间的交谈更加顺畅。

不知道如何赞美对方，不如以对方为师

如果是相爱的人之间感到无话可说，也许可以凭借心有灵犀进行相处，但是如果是朋友间交谈，尤其是与陌生人交谈时突然陷入冷场，彼此都不知道还有些什么可说的话，那么就会造成尴尬和难堪局面。毫无疑问，没人愿意面对这样的尴尬处境。那么，学会摆脱尴尬，从而与他人搞好人际关系，就是一项重要的生存技能。

毫无疑问，人长着一张嘴，绝不仅仅只是为了吃饭，嘴巴更重要的是用来说话的，是实现与他人良好沟通和互动的。有些人说起话来口才极佳，总是侃侃而谈、滔滔不绝，着实让人羡慕。但是有些人却笨嘴拙舌，越是紧张的时候，越是连一个字都说不出来。在这种情况下，我们该怎么办呢？其实，我们完全无须把主导谈话的重任肩负在自己身上，假如我们自觉木讷寡言，不如就让对方承担起主导谈话的重任，这样我们只需要做好倾听者，就能让谈话顺利地进行下去了，可以轻松自在些。

所谓谈话的主导人，毋庸置疑，就是主宰谈话的人。当交谈中有了主导人，那么谈话就会在主导人的安排下顺利进行，而作为谈话的辅助者，只要按部就班地跟随谈话的节奏进行配合即可。前文我们说了，要想与陌生人融洽交谈，不如多加赞美陌生人显而易见的优点，偏偏有些人观察力实在不强，总是无法发现他人的优点。那么，在这种情况下，还有一个非常稳妥的

办法，那就是虚心求教他人。

人的本性除了喜欢听到他人的赞美之外，还会好为人师。几乎每个人在条件允许的情况下，都想成为别人的老师，也很乐意对向自己伸出援手的人抛出橄榄枝。所以，当我们与他人的交谈陷入冷场，我们可以虚心求教他人。接下来，我们要做的就是聆听他人的教诲和指导。当然，我们求教他人时，要选择他人所擅长的。如果我们明知道他人不擅长写作，偏偏让他们告诉我们写作的心得和技巧，那么无异于是故意为难他人，使他人觉得我们哪壶不开提哪壶，最终迁怒于我们。

作为公司的新人，小艾自从进入公司以来，每天都觉得很难受。原来，小艾是个性格内向的人，原本就不擅长与人打交道，又因为她是新人，根本没有人关注到她。所以渐渐地，她在办公室里变成了隐形人，不管是中午吃饭，还是平日里上下班，她都独来独往，觉得自己彻底被孤立了。

小艾觉得很苦恼，但是对于自己好不容易找到的工作，她也不想轻易放弃。思来想去，她在请教一个做人力资源的学姐之后，决定先发制人改变现状。一天中午，小艾看到办公室里人比较少了，因而拿着自己的工作表格去询问马姐："马姐，我这个表格做了好几遍，但是都没有做好。我听同事们说您是这方面的专家，能否请您教教我呢？我实在是黔驴技穷了。"看到小艾真诚的眼神，马姐不免想起自己初入职场时的样子，因而决定帮助小艾。她非常耐心地给小艾讲解了表格的做法，后来小艾恍然大悟，感慨地说："古人云，'听君一席话，胜读十年书'。我自己摸索了好几天，也弄不明白表格到底怎么做才是正确、快捷的方法，听您说了这番话，就有茅塞顿开的感觉了。我真应该早点儿请教您，只是觉得您工作很忙，总是不好意思来打扰您。马姐，我请您去楼下喝冰饮吧，正好咱们也可以换换脑子，呼吸呼吸新鲜空气，这样回来才能神清气爽地继续工作。"就这样，小艾和马姐越

来越熟悉，在马姐的引荐下，她和办公室里的其他几位女同事的关系也越来越亲近了。

对于初入职场的小艾而言，要想一下子融入办公室的环境当然很难，因为其他人都是相处已久的同事，唯独她是个新来的。幸好小艾脑子还算灵活，因而询问学姐之后，采取了立竿见影的方法，让自己与马姐熟悉起来。的确，马姐也是很好为人师的，看到可怜兮兮的小艾请求帮助，马姐还泛起了同情心，所以才会手把手地教授小艾。借助于学习的过程，小艾继续赞美和恭维马姐，从而成功与马姐套近乎，也在马姐的引荐下与更多女同事交好。这样一来，性格内向的小艾就成功地融入了该团队。

人生之中，我们总要面对各种各样的场合。当我们与他人之间出现尴尬、冷场的局面，实在不知道该说些什么时，不如把握时机及时求教于他人，这样我们才能成功打开他人心扉，让他人以师者的姿态成为交谈的引导者，从而实现更好的交流。

从对方的话题里，挖掘你的最佳话题

很多朋友都因为不知道该和陌生人谈些什么，所以总是绞尽脑汁寻找话题。还记得小学刚刚接触应用题时，数学老师对我们苦口婆心说的话吗？老师总是说："认真审题，认真审题，答案就在题目里。"的确，要想把应用题做好，就必须读懂、读透题目。当然，这是数学。在语文课上，老师每次看到阅读理解题时，也会苦口婆心地对我们说："认真看短文，问题的答案就隐藏在短文中。"偏偏那会儿我们都是少不更事的孩子，根本不知道老师

殷切的话语背后藏着多大的期望。

随着年岁增长，我们结束学业，走入社会。然而，我们依然摆脱不了做阅读理解的题目。可以说，我们每次与人交谈，都是在做阅读理解题。别人的话就像是一篇篇短小精悍的短文，呈现在我们的脑海里。我们唯有用心揣摩他人的话，才能更好地回答他人的问题。在无话可说的时候，我们也只有把别人的话题理解透彻，才能从中引申出我们最好的话题。正如前人所说，“生活处处皆学问”。我们唯有处处留心，时刻用心，才能把交谈之中的阅读理解题做好，才能让一切都进展顺利，也才能找到好话题，从而让我们与他人的交谈水到渠成。

林丹已经三十多岁了，原本不着急终身大事的她，眼看着自己的眼角开始爬上细小的皱纹，再加上父母的催促，也不由得把婚姻大事提上日程。但是，要想结婚，必须先有合适的结婚对象。为此，林丹除了在父母和诸多亲戚朋友的安排下参加相亲之外，自己居然报名参加了一次相亲大会。其实，林丹只是想知道所谓的缘分到底会不会通过相亲的方式呈现在渴望爱情和婚姻的青年男女面前。

这次相亲大会的形式很新颖，是采取“车轱辘战”的方式。简而言之，就是女孩儿们坐在内圈，男孩儿们坐在外圈，每隔三分钟，男孩儿依次挪动一个座位。这样就保证了每个男孩儿和每个女孩儿都有机会进行一次交谈，大大提高了相亲的效率。不过，这对于参加相亲大会的每个人都提出了很高的要求，即他们必须具备超强的表达能力，才能在三分钟的时间里获得自己需要的信息，也把自己展示给对方。原本林丹只是觉得有趣，根本不觉得在三分钟时间里就能决定自己的终身大事。然而，在看到李伟的那一刻，她突然有种怦然心动的感觉，居然心跳加速，满面潮红。她打定主意要找到最佳话题，吸引李伟的注意力，从而让他们之间的一面之缘能继续下去。

李伟先对林丹进行了自我介绍："您好，我是一名计算机工程师，在联想公司供职。""联想？"林丹笑着说，"那你可要把我当成上帝了，因为我是联想的忠实粉丝。"李伟不由得笑着说："你现在用联想的什么产品呢？"林丹说："虽然我用的是老款，不过我的朋友们用的是各种联想的新款产品。到时候如果你需要开展调查问卷，我至少可以帮你解决二三十份呢！而且，我保证我提供的调查问卷质量非常高。"李伟对于这个侃侃而谈的女孩儿刮目相看，此刻他们就像是彼此相熟的朋友一样，丝毫不觉得陌生。为此，李伟主动和林丹互留了联系方式，因为属于他们的三分钟马上就要到了，但是他们谈兴正浓呢。果然，相亲大会结束后，李伟约林丹一起去吃西餐，林丹不由得松了一口气，至少她实现了自己的心愿。

林丹之所以能够第一时间打动李伟，就是因为她从李伟的自我介绍中挖掘出了最佳话题。既然李伟是联想的工程师，那么他自然会对联想产品的忠实铁粉有好感且印象深刻。就这样，她和李伟顺利地成为了朋友，这样他们的进一步发展也就有了可能性。

语言就是人与人之间传递信息的媒介，沟通感情的桥梁。因而，我们任何时候都不要忽略语言的本质，也更加要把语言的功能发扬光大。在与他人交谈的过程中，我们不但要留神倾听，主动表达自我，更要深入发掘对方的话题，洞察对方的深层内涵。这样，我们才能从对方的话题中找到最佳话题，也才能让我们与对方的交谈能兴致盎然地进行下去。

生活中的小麻烦，为你提供好谈资

与人交谈时，很多人都为自己找不到交谈的好话题而感到郁闷。殊不知，话题总是随处可见，可以信手拈来的。只要我们处处留心，就总是有谈不完的话题，就连生活中的那些小麻烦，也能帮助我们与他人成功搭讪，使彼此侃侃而谈。

所谓闲谈，就是人们彼此之间闲来无事的交谈。很多闲谈就是漫无目的的交谈，有些闲谈则是作为正式交谈前的序幕出现的，所以对于第二种闲谈，很多人都会如临大敌，生怕一语不慎就会导致严重的后果。实际上，闲谈不是打仗，更无须拼个你死我活，只是活跃气氛而已，根本无须过于紧张。

当然，不同地方的人们闲谈的话题也是不一样的。例如，首都北京，哪怕是街头一个遛弯儿的老爷子，也能对国际、国内形势侃侃而谈。但是如果把这个场景换到三四线城市，那么人们闲谈的话题无外乎是生活、教育、医疗等。若把这个场景搬到农村，则大多数农民谈论的是地里的收成、自己或者其他人的家长里短。由此可见，闲谈随着地点的转移，也会呈现出规律性变化的。那么，我们到底需要怎样的谈资呢？其实，不管是在生活中还是在工作中，我们要想成功地与他人套近乎，打开他人心扉，不如就以生活中的小麻烦作为谈资。一则，你所面临的困惑其他人也会面临，所以你们很有可能产生共鸣；二则，生活中的小麻烦也许会显示你的尴尬和无奈，恰恰是这些小小的不如意，使他人在你面前变得轻松起来。那么，生活中都有哪些小麻烦呢？例如，有一次坐地铁时被地铁门夹住了衣服；有一次赶火车的时候还差一分钟就发车了；你还可能被人称为叔叔或者阿姨，但是你一直觉得自己只是哥哥或者姐姐。这些小小的尴尬，都能为你与他人的交谈提供很好的谈资。而且心理学研究显示，很多人不喜欢听到他人炫耀或者显摆，但是却喜欢听到他人的尴尬和难堪事。因而适当向他们诉说自己的小麻烦，对于发展人际关系是有很大好处的。

即将大学毕业的帅帅眼下正和大多数同学一样，一面忙着准备毕业论文，一面忙着四处奔波参加工作面试。一天，帅帅要去参加一家大企业的面试，原本他是抱着势在必得的心理，却没想到他乘坐地铁时，因为地铁轨道上有人卧轨自杀，导致他迟到了一个多小时才赶到该企业的总部。

这个时候，面试已经进入尾声了，帅帅有些忐忑地等在门外，等着面试官出来。因为他不知道面试官是否会体谅他遇到地铁站发生的意外事故，也不确定面试官是否还会给他一次机会。足足等了一个小时，帅帅在最后一个面试者走出来之后，才看到面试官抱着一叠资料走出来。这时，帅帅迎着面试官走过去说："张总，非常抱歉，我原本是应该第一个来面试的，但是我迟到了。今天地铁有人卧轨自杀，导致全线瘫痪，所以我最后一个才到。"面试官显然还不知道这个消息，因而惊讶地问："卧轨自杀？！现在的年轻人怎么都这么脆弱啊！"帅帅看到面试官停下脚步，马上抓住机会说："是啊，虽然现在社会生存压力很大，但是我觉得我们的抗压能力应该更强大。父母辛苦抚养我们成长，社会也寄予我们厚望，一个人连死都不怕了，为何要怕活着呢！我要是他，我就知难而上，决不被任何事情击垮。"听到帅帅的话，面试官觉得很有意思，因而问："在工作中，假如你觉得压力太大，你会怎么做？"这显然是面试题，看到面试官对自己产生了兴趣，帅帅高兴极了。他侃侃而谈，给出了面试官满意的答案，面试官对他说："等通知吧，明天面试结果出来之后，人事部会通知你的。"

就这样，帅帅虽然错过了面试，却没有错过工作机会。他凭借自己的出

色表现，从生活中的小麻烦切入话题，向面试官展现了自己。他得到了面试官的认可和赏识，结果可想而知。

生活并非是一帆风顺的，很多时候我们都会面临生活中发生的意外事情。唯有怀着一颗坚强的心，始终平静从容地面对生活，我们才能在生活的考验中交出让人满意的答卷。原本帅帅因为意外事故导致面试迟到是件坏事情，却在他的努力争取下变成了好事，不得不说事在人为。只要我们不放弃，希望就永远在我们心中。

第 13 章

清楚聊天的禁忌，千万警惕不要出口伤人

在人与人交流的过程中，之所以会产生不愉快，或者是因为观点、态度的不同，或者是因为聊天的人有不能触碰的禁忌，却不小心被他人触碰到，因而恼羞成怒。不可否认，语言禁忌是始终存在的，而且很多禁忌覆盖着一定范围内的一定人群。除了那些公认的禁忌之外，人们还有很多属于自己的禁忌，诸如，伤心事不能提，某些信仰不容玷污等。总而言之我们要想更好地与他人聊天，必须了解他人的禁忌，并且及时避开，才能让交谈能够顺利进行。

真正的绅士，从不问女士的年龄

很多人都知道，那些大明星的身高、体重、年龄都是需要保密的。其实，现在不仅明星要对这些个人信息进行保密，很多女士也忌讳提起自己的年龄。的确，对于大多数女人而言，年龄都是头号杀手。岁月催人老，青春靓丽的人生总是很容易逝去，哪怕是普通的女性，也不愿意接二连三地过生日，更不愿意被他人揣测自己的年龄。所以，她们对于自己的保护意识越来越强，而且根本不愿意被人问起自己的年龄。

偏偏男人都是很大条的，而且大多数男人都不愿意自己被看成是小鲜肉，或者是不值得托付的小男生。很多男人希望自己快些长大，这样才能显得成熟和值得信赖，因此他们根本不介意年龄。而且，他们还以己度人，觉得女士也和他们一样不介意年龄，因而他们总是无所顾忌地问起女士的年龄，不知不觉间得罪了女士，却还毫不知情。其实，西方国家的绅士们特别注意尊重女性，更不会随意问起女士的年龄。因为他们知道尊重女性，就要爱护女性的隐私，更不要随随便便去打探最让女士伤心的年龄问题。

真正的绅士，绝不把尊重女士只是挂在嘴上作为口号喊一喊，会把尊重女性的行为落实到实际行动中。他们不但不询问女性的年龄，而且对于女

性的很多个人资料以及隐私问题都不谈起。在西方国家，哪怕是对白发苍苍的老太太，男士也会很尊重她们，绝不会轻易问起她们的年纪。当然，就算哪个不长眼的男士真的问起老太太的年纪，老太太也会直接拒绝他们："哈哈，问女士年龄可是不礼貌的，就算我已经老了，也不希望得到这样的待遇啊！"这样一来，老太太就成功搪塞了男士的追问，也成功保护了自己的隐私。

很多朋友都会参加社交活动。越是名流云集的社交场合中，越是要牢记这一点，千万不要冒失地问起女士的年龄，而被女士怪罪。当然，还有很多其他的禁忌，其中既有通用的禁忌，也有个人专属的禁忌。尤其是现代社会，很多公司都是与国外合作的，中国文化也已经与西方文化相融合了，我们更要与西方国家接轨，才能更好地展示我们的风采，从而与各个国家的友人友好相处。

作为大龄剩女，小敏架不住父母的猛烈攻势，也开始参加各种各样的相亲聚会。这个周末，她得到同事的邀请，和同事一起参加一个行业内的聚会。其实，这个聚会说是探讨行业前景，实际上就是一个休闲的社交聚会，目的在于给各个行业内的大龄剩男、剩女创造相识的条件和机会。

在聚会上，有个中年男士明显对小敏很有好感，而且对小敏展开了猛烈的追求攻势。这位男士看起来四十多岁，小敏不知道他的情况，他非常主动地进行了自我介绍。原来，他曾经有过短暂婚史，与前妻离异后一直独自生活，而且没有孩子。虽然他是离过婚的人，但是小敏也不那么挑剔，只要能与对方比较投缘、交流顺利，她就心满意足了。因而在得知男士的基本情况后，她并没有撤退的态势，而是继续与该男士交谈。突然，该男士有些吞吞吐吐，似乎有什么问题想问又不好意思问。为此，小敏主动说："你有什么事情吗？"男士笑着说："我今年已经四十二岁了，不太想找个比我小很多岁的伴侣。不知道你的芳龄？主要是因为你看起来太漂亮、太年轻了，我很怕如果你比我小太多，我会留不住你！”听了男士的赞美，小敏不由得高兴起来，也没有因为男士提起年龄的禁忌而尴尬。她狡黠地说：“我肯定自己不是比你小很多的女孩儿，而且你也符合我找男朋友年龄相差不超过六岁的原则。”就这样，该男士悬着的一颗心终于放了下来，他笑着说：“那么，我可以正式开始追求你了！”

对于男士提问自己的年龄，原本小敏是不愿意说的，但是既然大家心照不宣都知道这个聚会的目的——寻找人生的另一半，所以她只能委婉地告诉对方自己的大概年龄，这样既保护了自己的隐私，也使得对方对自己的回答无可挑剔。其实，小敏之所以不那么排斥和抗拒年龄问题，也是因为对方在提问时巧妙地恭维了她。

很多时候，假如我们想知道对方的年龄，不如先赞美对方年轻美丽，从而让对方知道我们并无恶意，也不是故意窥探。有的时候，我们还可以采取猜测的方法，但是一定要注意把对方往小里猜测，这样哪怕猜错了，对方也会觉得非常高兴，说不定兴奋之余还会扬扬得意地把真实年龄坦然告诉你呢！总之，年龄虽然不能问，但是如果真心想问，只要采取恰到好处的方式，也是可以如愿以偿得到信息的。当然，如果与外国人接触，最好不要提年龄问题，哪怕对于男士，也要慎重对待年龄问题。

体重问题太敏感，千万不要随意提起

现代社会，随着生活水平的提高，物质丰富，人们吃得好、喝得好，

自然那些体重超标的人也就会越来越多。所以，原本无关紧要的体重问题也被提升到个人隐私的高度，绝不允许人们轻易打听。当然，在大城市里，也有些人是因为生活节奏太快，工作压力太大，所以导致一日三餐的饮食不规律，因而体重节节攀升，突破了正常的指标——超重，严重者还属于肥胖症。实际上，真正心甘情愿变成胖子的人几乎没有，所有女人都希望自己的身材纤细苗条，所有男人都愿意自己身强体健，有着结实的腹肌。然而，凡事总是难以使人顺遂如意的，很多人由于各种各样的原因，就这样无可挽回地胖了。想得开的人倒还好——心宽体胖，遇到想不开的人，则总是因为体重感到自卑，这种情况下我们一定要避免随意提起体重，从而避免引起对方的难堪和尴尬。要知道，体重这个问题真的会如同千斤巨石一样压在他们的心上，所以我们要谨言慎行，在面对自己不熟悉或者不了解的人时，切勿随随便便地提起体重问题。即便对于身边的胖人而言，我们也最好对他们的体重视若无睹，从而给他们更多自由和喘息的空间。

对于绝大多数人而言，体重都是敏感话题。现在不是唐朝，以胖为美的人很少。与此恰恰相反，很多人都以瘦为美，而且还会觉得瘦弱是可遇而不可求的。假如杨玉环生在现代，一定会觉得万分苦恼。实际上，还有很多人追求的不仅仅是体态健康匀称，而是体态要瘦骨嶙峋。当然，凡事皆有度，过于瘦弱对人体的健康也是很不好的。我们只要保持正常指标的体重，多多运动，增强体力，就无须过于苛求体重。现在有很多市场杂志上的模特，全都是瘦骨嶙峋的。尤其是在西方国家，肥胖的人和酗酒的人一样会非常自卑，因为他们都有共同的特点，即不能自制，无限放纵自我的食欲。唯一的区别在于，前者是对酒精的放纵，后者是对美食的放纵。的确，口腹之欲是人的本能，控制好自己的嘴巴不要过量进食，的确是需要毅力的。现代的中国和很多西方国家一样，已经进入全民减肥的时代。所以不管是面对外国友人，还是对于国内的女性朋友们，都不要随便打听他人的体重。否则，一旦你提出这个尴尬的问题，对方不管是回答还是回避，都会觉得很难堪。

小尹是一名大龄剩女，已经35岁了。当然，和很多大龄剩女“白骨精”相比，她之所以被剩下，并不是因为自身条件太好，挑三拣四耽误的时间，而是因为她的外形条件。

她从小就胖嘟嘟的，是个胖女孩儿。小时候，大家还都觉得她这样很可爱。但是长大之后，她依然是婴儿肥，这就使她完全不符合现代社会的审美标准。为此，她直到现在都没有谈过恋爱，也总是非常自卑，哪怕面对自己喜欢的男生，也不敢轻易追求。就这样，时间一年一年地悄悄流逝，小尹就这样剩下了。眼看着她就要到本命年了，父母也急得火烧眉毛，小尹思来想去，决定先减肥，再找对象。自此，小尹尝试了很多种减肥的方法，诸如，针灸减肥、运动减肥、节食减肥等，但是都收效甚微。最近在微商中卖得很火的中药包她也试了，但是还是没有明显的效果。如今，肥胖已经严重影响了小尹的身体健康，也使她精神上非常紧张，焦躁不安。无奈，小尹只好放弃减肥，她无奈地说：“我还是好好工作吧，也许我命中的白马王子还没找到我呢，我相信他不会嫌弃我胖的。”

找到新工作不久，小尹就被办公室的同事刘娜恶意攻击了一番。一天中午，小尹正在午休，刘娜突然大声告诉小尹：“小尹，你平时都怎么买衣服啊，我觉得你在服装店肯定买不到合适的。我知道一家外贸大码的服装店，不如介绍你去吧，那里全都是4X以上的衣服，最大的还有8X呢！你肯定能找到合适的。”刘娜话音刚落，大家全都沉默起来，小尹似乎感觉到所有人的目光都聚焦到她的身上，因而说：“你还是多关心你自己吧，不用操心我了。”之后，小尹无可挽回地患了减肥焦虑症，而且还出现了严重的厌食倾向。从此之后，她在办公室里很少说话，而且也总是避开刘娜。

有很多肥胖者是体质问题，是天生的，根本不是因为贪吃或者是懒惰不运动造成的，因而对于他人的肥胖，我们应该怀着宽容的态度，不要总是朝着他人的伤口上撒盐。尤其是对于肥胖的女性朋友，我们可以看看她们其他方面的优点，而不要总是盯着她们肥胖的弱点。否则，我们会涉嫌故意嘲笑或者取笑他人，而被人看作是居心叵测，故意恶搞。

人人都有自己的优点，也都有自己的缺点。有的缺点是可以弥补和改变的，有的缺点则无法改变。我们唯有怀着一颗宽容的心对待他人，才能学会与人聊天，不要故意哪壶不开提哪壶，更不要故意说起他人的伤心事，这样我们才能与人为善，与己为善。曾经有很多娱乐记者们盯着范冰冰的体重问题不放，其实对于女明星而言体重问题更是非常敏感的问题。但是范冰冰不愧于“范爷”的称号，居然真的公开了自己的体重，那时作为她男友的李晨当即表态自己喜欢丰满的女人，实在是力挺范冰冰。然而，大多数女性朋友都不会像范冰冰这么自信，也没有自己的男友力挺自己，最关键的在于她们也没能丰满到范冰冰这样的恰到好处。所以，我们还是管好自己的嘴巴，不要当着她们的面说起敏感的体重问题。

现代职场，薪资水平是个不能说的秘密

在计划经济时代，几乎每个人的薪水都是透明的，也根本没有人想到要向人保密自己的薪水。但是光阴荏苒，时代发展到今天，在市场经济下，私人企业如同雨后春笋般地发展起来，为了激励人才发挥自身最大的能力，为企业创造最大的效益，渐渐地，开始流行私密薪酬制度、顾名思义，私密薪

酬制度就是说薪资水平是保密的，即便是坐在同一张办公桌上的同事，也从不知道对方拿多少薪水。这样一来，职场上同工不同酬的现象非常普遍。

如果说几十年前人们因为薪水不公平导致心态失衡的现象很普遍，那么现代职场上人们根本不知道对方拿多少薪水，也就无所谓是否平衡的问题了。每个人衡量自己薪资水平的标准，就是自己的表现和自己为公司创造的效益。可以说，除了老板之外，每个人都是自己薪资水平的唯一评判者。假如你觉得自己的收入和付出平衡，那么你当然可以心中坦然，继续工作；如果你觉得自己的付出与回报不成正比，那么你也可以根据自己在工作上的表现去找老板申请加薪，但是你唯一不能以“某某人拿多少薪水”为理由去和老板理论。归根结底，老板愿意给谁发多少薪水，就给谁发多少薪水，这与别的同事无关。而我们要求加薪的唯一理由，就是我们在工作上的业绩和付出。除此之外，我们根本无法要求老板提高我们的待遇。所以这也就迫使每个人要想加薪，必须非常努力、加倍努力，从而才能如愿以偿地让自己的薪水得到提高。

很多职场上的资深人士都知道，在职场上，薪水问题是绝对的隐私，而且是职场禁忌。任何人都不应该轻易问他人的薪资水平，而且哪怕是自己的薪资水平，他们也不能说出来。否则，一旦提起薪资水平，就会惹恼一大群人，也会使人人都觉得心理失衡，自然没有好果子吃啦。尤其是职场菜鸟一定要记住，不管你在职场上和谁关系最好，都不要和对方讨论薪资。哪怕别人主动和你提起，你也要委婉回避，不要上了对方的圈套，或者伤害你与对方的关系。也许有些朋友会说：“薪资问题真的有这么玄乎吗？”果真如此！举例而言，假如有人问你：“你这个月收入多少？我这个月全勤，奖金才八百块钱，加上六千块钱底薪，也才六千八百块钱而已。”你会如何回答呢？如果你工资比对方低，你一定在心中愤愤不平：“哼！我来得比你还早

一年，为何才拿五千多块钱？！你这个晚来一年的人，凭什么比我多拿一千块钱！”由此一来，你会无形中疏远对方，甚至因为心里不平衡而敌视对方。与此相反，假如你拿的比对方多，那么一旦你说出来，对方就会对你产生不满，尽管这并不是你的错，这就是人的微妙心理。所以在现代职场的秘密薪酬制度下，我们还是对自己的薪资保密，也不要随意打听他人的薪资为妙。

现实生活中，有很多人都有强烈的好奇心，他们恨不得探听他人所有的私密事情，似乎这样就有了更多的安全感，也觉得自己能够操控很多事情。其实，在职场上打拼恰恰如同学习，我们要比较的不是他人，而是我们自己。还记得小时候每次考试，都会把自己这次的考试成绩和排名与上次的考试成绩与排名相比较吗？虽然如今我们走上了工作岗位，也依然要坚持纵向比较，即把自己的现在和以前比较，看看是否有进步，而不要进行横向比较，因为每个人在上司心目中的价值是不同的。

在工作上，当我们有了点滴进步，不仅我们对此看在眼里，上司也会认可我们的进步。等到我们有了足够的资本和成绩与上司讨论加薪的问题，我们才能占据主动权。记住，任何时候都不要把自己与他人进行比较，因为你不是他人，他人也不是你，也因为掌握薪资水平的是老板，而不是你。不管薪资高低，我们总要相信一分耕耘一分收获的道理。我们在职场上坚持学习，不断进步，努力付出，才能最终得到上司的认可，也才能得到公平公正的待遇。我们要戒掉“不患寡而患不均”的心理，从而让自己坦荡做人、磊落做事，最终带着自己走入人生更好的境遇。

控制好奇心，远离他人的感情问题

“好奇害死猫”说的却是人，由此可以推论好奇心也害死了不少人。其实，人就是因为好奇，会在无形中惹下很多祸端，导致自己非常被动。现实生活中，有些人总是无法按捺住自己的好奇心，最喜欢打听他人的隐私问题，最终导致自己被他人厌弃和远离。这还是比较好的结果，如果无形中得罪了他人，遭到他人的阴险报复，那可真是死都不知道自己是怎么死的。打听他人隐私，就像是偷窥他人的生活一样，是不道德的。尤其是现代职场，人与人之间交往时有很多禁忌，我们唯有摆正自己的心态，端正自己的态度，才能谨言慎行，明哲保身。

不管在古代还是在现代，也不管是在国内还是在国外，感情问题都是绝对的隐私，是不打丝毫折扣的私人问题。偏偏有很多人最喜欢关心他人的感情问题，但是却完全忽略了普通人感情问题的私密性。普通人的感情问题，不会像明星的感情问题那样可以放到放大镜下供人观赏，大多数人都不希望自己的感情问题成为他人茶余饭后的谈资，更喜欢自己与所爱的人可以安安静静享受爱情的甜蜜和美好。所以明智的朋友们，千万不要轻易涉足他人的感情问题，否则也许会导致事与愿违，反而会把自己“长舌妇”“大嘴巴”“不道德”的恶名做实！

大学毕业后，莹莹在父亲朋友的帮助下，进入一家知名的金融公司实习。这家公司在行业内是翘楚，因而很多金融人才都希望能够进入这家公司。这次和莹莹同批的总计十名实习生中，最终只能有两名出类拔萃者才能留下来，为此，莹莹觉得压力很大。那些实习生们，也都是八仙过海，各显神通，都想借着实习的机会留在公司。

眼看着半年的实习期还有一个月就到期了，突然有一天早晨，莹莹刚刚到单位，同为实习生的默默和倩倩就故作神秘地对莹莹说：“告诉你一个惊天的消息，周日的时候，我们亲眼看到小薇和公司的一个中层管理者勾肩搭背地逛街购物，一看他们就是情侣关系。看来，咱们能留公司的名额现在只剩下一个了。我们拍了照片，准备向公司高层反映他们的不正当关系。你也加入我们一起联名上告吧，毕竟人多力量大，也能够引起高层的重视。”莹莹好半天才明白他们的意思，有些为难地说：“这不太合适吧，毕竟感情问题是他们的私人问题，和工作无关啊！我还是不加入了，我觉得咱们还是要努力工作，才能争取到留下来的机会。”默默和倩倩对于莹莹的态度很不满，因而她们决定再去联合其他实习生一起维护自身的合法权益。后来，莹莹就不知道事情的发展了，不过最终实习期结束之前，公司突然决定提前辞退包括默默和倩倩在内的好几名实习生。主管还问莹莹：“拍照片的事你参与了吗？”莹莹摇摇头，主管松了一口气说：“没参与就好，我可不想自己辛辛苦苦培养出来的人才被淘汰掉。她们啊，就是过于着急了，管了不该管的事情。”

可想而知，默默和倩倩都是因为照片风波才被辞退的。因为她们犯了职场大忌，肆意侵犯他人的感情生活。其实，公司高层也不傻，当然知道她们的用意，而且公司高层也知道恋爱是每个人的权利。要知道，一个公司能否良好发展，不但取决于公司的实力，也取决于公司职员之间的良性竞争和团结合作，他们绝不容忍用这种手段对待同事的人存在。

对于他人的感情问题，我们无论如何揣测，都要知道那是他人的私人问题，事关隐私，绝不要轻易插嘴。我们唯有尊重他人，他人才会尊重我们。职场上真正的聪明人，绝不会因为任何事情，就利用感情攻击他人，否则只能是自取其辱。尤其是现代职场，人际关系复杂，我们不但要约束好自己的好奇心，更要管好自己的嘴巴和手，不要轻易插嘴他人的事情，更不要轻易插手他人的事情。此外，隔墙有耳的事情在职场上并不少见，我们也要三思而行，谨言慎行，从而才能更好地立足于职场，让自己获得预期的发展。

哪壶不开提哪壶，这样的谈话没人喜欢

每当我们的皮肤有了小小的破损，不管是沾染到洗发水还是护肤品，都会感到钻心的疼。如果碰到盐或者酒精呢？相信很多朋友都会因此疼得龇牙咧嘴。在伤口上撒盐，这句话很多人都知道其滋味，但是却很少有人感受到切身的痛苦。实际上，在伤口上撒盐真的是非常疼的，尤其是当被别人故意撒盐时，我们更是会因为内心的创伤，受到更深的伤害。

很多人都误以为受伤的人需要安慰，需要帮忙疗伤，实际上真正伤心的人最害怕的就是别人提起自己的伤心事。他们只想躲在安静的角落里为自己疗伤，根本不想被其他人打着关心的旗号，一遍又一遍地揭开他们的伤疤，残忍地对待他们。所以对于受伤的人，我们如果真的怀着好意，也足够尊重他们，就要佯装不知情，才是正确地对待他人的方法。例如，除非他人向我们求助，否则我们不要总是哪壶不开提哪壶，那样一定会使他人陷入尴尬和难堪之中，甚至让原本刚刚愈合的伤口再次鲜血淋漓。

人生在世，谁能没有点儿烦恼呢？！在感到痛苦的时候，我们希望别人怎样对我们，我们也要由己及人，怎样对待他人。有的时候，对他人视若无睹是一种不尊重，但是在他人受伤的特殊时期，对他人视若无睹则是一种帮助。他人自会感激我们的无言，甚至因此与我们成为朋友。

1976年，河北唐山发生了大地震。在这场地震中，无数人失去了生命，留下更多的人承受身体残缺、心灵残缺和丧失亲人的痛苦。有个孩子在唐山大地震中失去了双亲，并且失去了自己的右臂。他的心破碎了，他的身体再也无法复原。后来，这个孩子被远方的姑妈收养，从此开始崭新的人生。他的姑妈和姑父都可怜这个孩子无依无靠，又经历了这么多磨难，因而全都竭尽全力地帮助孩子修补心灵的创伤。然而，每次有人去姑妈家探望这个孩子时，他们就会问："大地震时你在哪里？你怎么失去的右臂？不要再想你的爸爸、妈妈了，好好把人生过好，就是对你爸爸、妈妈最好的回报。"每次听到类似的话，孩子都觉得自己已经愈合的伤口再次被揭开了伤疤，变得鲜血淋漓。他真想大声告诉每个人："能不能不要再提起那些事情，能不能放过我？"但是，那些善意和亲情始终捆绑着他，直到若干年后，他都没能走出地震的阴影。

当人们遭受最痛苦的打击时，他们最想做的是像鸵鸟一样把自己的头埋藏起来。这样，他们才能勉强让自己恢复平静，也给自己更多的时间疗伤。然而，那些所谓的好心人偏偏要一次又一次地逼着他们面对伤口，舔舐伤口，原本以为这样可以帮助他们摆脱痛苦，殊不知这么做反而会使他们更长久地沉浸在痛苦之中。

生活中，我们常常会遇到类似的情况。例如，聪明的人在探望重病人的时候，不会当着病人的面谈论病情，包括医生也不会直接把糟糕的病情告诉病人，而是先告诉家属，再寻找合适的时机把真相告诉病人。这是人道主义的关怀，也是人性的善良。很多时候我们也许是在假装坚强，假装高兴，但是这样的善意伪装恰恰能给他人带来很多好的人生感受。我们最该学会的安慰方式，就是无视他人的痛苦，或者在他人受伤时什么也不说，只为他们提供一个宽厚的肩膀和温暖的怀抱，让他们尽情地痛哭，这就足够了。

不要轻易触碰他人的“逆鳞”

传说，在龙的下颌部位，生长着几片“逆鳞”。这些逆鳞的生长方向和其他鳞片不一样，因而一旦触碰，龙就会感受到无法忍受的痛，也会因此暴怒。所以我们是不该轻易触碰龙的逆鳞的，也更不应该惹怒贵为天子的龙，以免给自己招来祸患。实际上，人也是有逆鳞的。人的逆鳞，就是人不愿意被他人提起的伤痛，即人心底隐藏的伤痛，也是能够让人受伤的软肋。

人际关系是这个世界上最复杂和难处的关系，因为人的心思都很细腻、敏感，人也是最容易受伤的。然而，每个婴儿从呱呱坠地开始，就面临着各种各样的关系，先是和父母、兄弟姐妹、长辈的关系，随着逐渐长大，又要面对幼儿园、小学、初中等诸多学校里的同学。等到真正走入社会，步入职场，原本就被人际关系搅扰的人会觉得更加难以面对，因为职场关系更复杂，也使人更难于应对。在这种情况下，我们到底要如何做才能与他人搞好关系、和谐相处呢？

其实，整个社会就像是一张巨大的关系网，我们每个人都被困于这张网里，无从挣脱。这张关系网绝不简单，包括亲人关系、爱人关系、同学关系、同事关系、对手关系、竞争关系，甚至还有敌人关系。总而言之，我们能想象到的和不能想象到的所有关系，都囊括在社会这张关系网中，使我们无从逃脱。对于与我们关系亲密、相亲相爱的人，我们当然不能触碰他人的逆鳞，以免伤害他们，使他们与我们疏离。对于那些和我们处于对立关系的人，我们也应该适当爱护。记得有人说，“看一个人的底牌，看他的朋友；看一个人的实力，看他的对手。”的确，从某种意义上说，有什么样的对手就能体现出我们有什么样的实力。因而我们要爱惜对手，恰恰是因为有了他

们的存在，我们才能不断进步。那么对于和我们处于敌对关系的人呢？我们为了战胜他们，自然可以采取不同的手段。例如，激怒他们，使他们露出破绽，就是很好的方式。所以说，唯有在对待敌人的时候，我们才可以故意触碰他们的逆鳞，让他们无处可逃。

当然，大家都知道多个朋友多条路、多个敌人多堵墙的道理。与其处处为自己树敌，我们不如为自己结交更多的朋友，这样在重视人脉关系的现代社会，我们才能得到更好的发展。所以，在人际交往中，我们还是要尽量避免触碰他人的逆鳞，也不要轻意触碰他人的软肋，这样我们才能与人为善，少树敌，取得更好的发展。

近来，龚娜此前的主管辞职了，龚娜所在的部门来了一个新主管。所谓新官上任三把火，新主管刚刚上任，的确使得办公室里的面貌焕然一新。新主管还制定了很多规章制度，让原本自由散漫的同事们很不适应。但是，大家也都没办法，所谓官大一级压死人，他们只能配合新主管的工作，谁让他们都是新主管的下属呢！

当然，新主管是个聪明人，知道管理上要恩威并重，有松有紧。因而，她在一个周末邀请整个办公室里的同事吃饭。酒过三巡，新主管借着酒劲儿问：“我的前任张主管也很有能力，不知道为何辞职呢？”这时，办公室里的新人乔丽快言快语地说：“张主管虽然工作能力很强，但是脾气实在太坏了。”新主管有些纳闷儿：“我和她接触过一次，觉得还好啊。”乔丽马上说：“好什么啊，她都四十岁了，还离了婚，自己带着孩子，简直是更年期提前了，天天都像是办公室里的定时炸弹，弄得我们每个人都提心吊胆的。”乔丽话音刚落，大家都默不作声。原来，除了乔丽，大家都知道新主管也是人到中年才离婚的。从此之后，新主管总是故意刁难乔丽，没过几天就开除了乔丽。

对于新主管而言，女人到了中年离婚的话题，就是她的软肋和“逆鳞”。她不愿意提起这件事情，更不想所有人都知道自己的经历。但是偏偏乔丽提起这件事，虽然乔丽说的是前任张主管，但是却使新主管心中痛苦倍增，而且乔丽对前任张主管的评价，也使得新主管感到巨大的压力。当然，乔丽并非是故意攻击新主管的软肋，却是在不知情的情况下得罪了新主管，因而只能自认倒霉因此失去了工作。

每个人都有自己的“逆鳞”，我们自己的“逆鳞”不愿意被他人触碰，我们也不应该触碰他人的“逆鳞”。除非面对敌人，我们或许可以逞一时的口舌之快，对于我们爱的人、在乎的人，或者是我们身边的人，哪怕是陌生人，我们都不应该肆无忌惮地触碰他们的“逆鳞”，否则最终的恶果只能由我们自己吞噬。

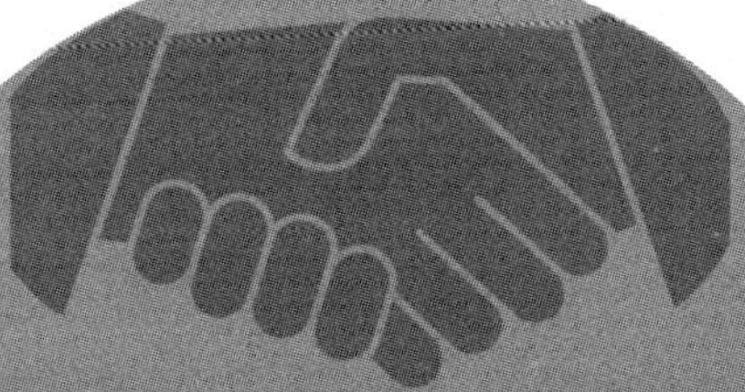

第 14 章

掌握好聊天尺度，别让好好的谈话陷入尴尬境地

在这个世界上，任何事情都要讲究一定的尺度，也唯有把握好尺度，才能让努力事半功倍，达到好的结果。然而，每个人在做事情的时候，难免会由于各种各样的原因导致超越尺度，尤其是在谈话时人们都是在即兴发挥，也会因为交往的不同情况，导致情绪的变化，也因此使得说话时发生冲动、愤怒、激动或紧张等情况。这样一来，我们必须掌握好聊天的尺度，把握好聊天的方向，才能让谈话沿着既定的方向发展，从而避免尴尬发生。

聊天要天马行空，无须故步自封

在进行有目的的交谈时，人们总是受限于既定思路，不敢随意发挥。当然，对于正规的谈话，或者是有固定模式的谈话，天马行空是要不得的。但是对于日常生活和工作中的正常聊天，则无须过于紧张，否则就会故步自封，失去交流的生动和灵活性。

很多朋友在与人聊天时都觉得很奇怪，总认为自己只要一张嘴，就让聊天戛然而止。为此，他们怀疑自己的个人魅力，甚至觉得自己受到很多其他人的排挤。实际上，真实的情况并非如此。很多时候，我们并非个人魅力或者品质有问题，而只是因为我们说话的方式不够恰当。举例而言，很多人聊天时都喜欢用封闭式提问的方式与人交流，这种人往往控制欲望强，总是想要占据谈话的主导地位，不愿意把交流的主动权交给他人。这样往往会导致谈话总是显得很僵硬。真正擅长谈话的人，喜欢用开放式提问与人交流。那么，到底什么是开放式提问，什么是封闭式提问呢？简而言之，开放式提问就是能够让对方随意发挥聊天能力，来回答问题的提问。诸如，“你的家乡在哪里？”“你觉得这件事情怎么样？”“你怎么看待这个人？”等，这些都是开放式提问。再如，“你喜欢苹果还是李子？”“你选择和我们一起走

还是和他人一起走？”“你只需要告诉我这件事情是对还是错？”这些问题都限制了对方回答问题的方式和思路，属于封闭式提问。显而易见，仅从问题表面来看，也是开放式提问更有利于促进聊天。

所谓聊天，和正式的交谈还是有区别的。正式的交谈往往带着强烈的目的性，会使人不得不采取一定的技巧和策略，从而达到交流的目的。但是非正式的聊天，则有更多的随意性，也更能够让人天马行空，采取发散性思维，从而使一切都朝着更加轻松惬意的方向发展。

从谈话氛围的角度而言，开放式提问使人觉得轻松自如，但是封闭式提问却给人咄咄逼人的感觉。很多时候，审问犯人时会采取封闭式提问的方式，这是我们在聊天时应该深思的。唯有采取恰到好处的提问方式，我们才能与他人之间和谐融洽地相处，也才能使得聊天起到好的效果。当然，封闭式提问未必完全不好。当我们想在交谈中得到某种特定的回答时，我么就可以采取封闭式提问，这样能够引导对方的思路沿着我们的思路方向发展，从而使我们如愿以偿地得到想要的回答。

作为销售人员，朱丽娟的销售业绩一直都很不错。虽然她是职场新人，但是她进入公司没多久就有业绩了。同事们都觉得很奇怪，不知道她为何能表现得如此优秀。在经验分享会上，朱丽娟告诉大家：“其实，我也没什么特殊的本领，我就是比较喜欢聊天而已。往往是和客户聊着聊着就成了好朋友，这样一来，我和客户沟通起来就比较容易了，当然客户也比较信任我。”同事们显然对于朱丽娟分享的这个经验不够满意，因而他们当即又问朱丽娟：“那么，你到底是如何与客户聊天的呢？我们有时候和客户聊天，总是被客户排斥啊！”朱丽娟笑着说：“其实，只要掌握技巧，和客户聊天还是很容易的。比如，我和客户聊天时，不会采取封闭式提问，而是经常使用开放式提问，这样客户才不会觉得我们急于求成，急着想要把房子推销给他们。”自然，接下来的时间里，朱丽娟针对开放式提问和封闭式提问，对同事们进行了详细的讲解。

作为销售人员，有很多人都迫不及待地想要让客户成交，因而与客户聊天时总是咄咄逼人。实际上，与客户聊天也要选择时机。例如，在和客户套近乎或者加深感情的时候，最好采取开放式提问与客户交流，这样会使客户觉得轻松，客户也会非常信任我们。相反，在最后促使客户成交的阶段，如果客户始终拿不定注意，无法选定自己需要的产品，那么就可以对他们进行封闭式提问，这样他们才会更容易下定决心。不过，凡事皆有度，不管是用开放式提问还是封闭式提问，都要掌握好时机，也要把握好度。唯有如此，我们才能让聊天从容愉快地进行下去，且最终取得圆满的结果。

为了打开他人的话匣子，了解他人的内心想法，我们还是应该尽量在聊天时多使用开放式提问，从而发散他人的思维，帮助他人更好地激发灵感，说出心底深处甚至是潜意识中的想法。很多人的性格原本就很内向，他们不好意思主动袒露心扉，又因为生性怯懦，因而会勉为其难地从封闭式提问中进行选择。当然，有的时候提问者也是无意识地使用封闭式提问在进行交流，因而提问者应该保持理智，从而有意识地使用开放式提问的方式让对方回答问题。唯有交流双方齐心协力地努力，交流才会更加圆满顺畅。

有些话，绝不适合在某些场合提起

虽然大多数人谈话都是即兴的，但是也需要注意，有些话在有些场合绝对不能说起。否则，就会引发尴尬，甚至会导致朋友之间反目成仇，那可就

得不偿失了。实际上，我们每个人每天都要经历各种各样的场合。诸如，生活中去菜场、超市买些日常用品是一种场合，在工作中与不同的人见面是不同的场合等。由此可见，人人都会身处不同的场合，每个场合都有每个场合的特殊性。唯有如此，我们才能避免在某些特殊场合提起敏感的话题，从而破坏人际关系。

这里所指的场合，不但指的是客观环境和社会环境，而且还包括我们面对的不同人和经历的不同事情。很多人自以为自己说话是出于善意，因而就口无遮拦，但是实际上，说者无心，听者有意。很多时候，我们毫不在意地把话说出来，但是却导致事情朝着相反的方向发展，就是因为我们不了解听众的心意，因而导致好心办了坏事。所以，不管是做人做事一定要恰到好处，说话更是要分清楚场合，才能让事情朝着我们期望的方向发展。

很久以前，有户人家娶媳妇。为了讲排场，婆婆特意从村子里借了两匹马，和自家的一匹马一起去迎亲。在鼓乐喧天中，新娘子骑着马开始往婆家出发，半路上，她急不可耐地掀开盖头，问迎亲的人："这三匹马都是我家的吗？"迎亲的人告诉她："只有中间你骑着的这匹马是你家的，两边的马是你婆婆从村子里的人家借来的。"新娘子不由得忧心忡忡地说："你要是觉得马走得太慢，就打两边的马，这样我家的马也会跟着快起来的。"迎亲的人不知道新娘子的意思，感觉丈二和尚摸不着头脑。

才刚刚到了婆家门口，一下马新娘子就赶紧叮嘱婆家出来迎接他的人："过日子必须仔细，每次做完饭必须熄火，这样不但能消除火灾隐患，而且还能节省柴火。"婆家人对新娘子的话很不满意，心中暗想道："这才是新媳妇还没过门呢，就开始当起管家婆了。要是以后她真的成了老媳妇，不定要怎么管着我们呢！"后来，新娘子走过院落，正要迈过门槛进入堂屋，突然她看着脚尖的时候，从眼角的余光看到堂屋门口有个石臼，她又突然停下来说："这个石臼容易绊倒人，再把看热闹的人绊倒了、摔伤了，可得破财啊！"就这样，她坚持让扶着她进门的人把石臼搬走。看热闹的人看到新娘子这么操心，不由得觉得可笑。要知道，其他新娘子可都是只一心一意地当好新娘子，对什么事情都不放在心上的。从此之后，村里人都知道这个新娘子非常操心了。

每个看到这个故事的人，都会觉得这个新娘子非常可笑。然而笑过之后，我们也应该反省自己，到底这个新娘子为何让人发笑呢？究其原因，她说的事情和操的心原本是没有错的，也并不多余，但是错就错在她当新娘子这天却偏偏要操心，就连当新娘子都阻止不了她指手画脚，这样一来自然就会使人觉得她很讨厌了，也未免会对她心生反感。

现实生活中，我们不管做什么事情都要区分场合，同样的话也许在这个场合说出来就很好，但是在那个场合说出来就会显得格格不入。因而我们唯有在不同的场合说不同的话，而且还要把话说得恰到好处，才能避免贻笑大方。

假如一个人不管做事情还是说话，都从来不区分场合，那么就算他是好心，也很有可能好心办了坏事，导致一切事情都事与愿违。

谈话要适度留白，不要滔滔不绝

很多人说话喜欢滔滔不绝、口若悬河，似乎正在和谁争抢着说话权一样，恨不得把所有的话都一股脑儿地说出来。这样当然是没有错的，但是却忽视了重要的一点，即很多时候我们说得太快别人未必能够理解，而且很

多时候我们把话说得太慢，也未必能够使我们的表达起到最好的效果。所谓凡事皆有度，说话也并非越快越好。如果就像是机关枪扫射一样就把话说完了，但是却没有起到预期的效果，那么事情也未必能如我们所愿。

如今，有各种各样风格的画作，诸如印象派、野兽派等，但是有很多人唯独对中国的水墨山水画情有独钟。究其原因，他们是喜欢水墨山水画的独特韵味，尤其是喜欢水墨山水画的留白。所谓留白，就是画面上的空白。也许有人觉得画作应越满越好，其实恰恰是留白，才能让一幅画显出独特的韵味来。因而对于任何画作而言，留白都是必不可少的。说话也是如此，说话时千万不要如同发射连珠炮一般，而是要把话说得恰到好处，才能有回味的空间，也才能有回旋的余地。

有的时候，说话太快不给人思考和解释的空间，还会使人产生误解。语速过快的话就像是一阵风吹过，什么也不能给人留下。在这种情况下，我们唯有留白，才会让语言更丰富厚重，更有意义。而要想让他人把我们的话听到耳朵里、记在心里，我们就要给对方足够的时间去思考和消化，也要给自己留更多的时间组织语言，内化语言。

最近，张大妈正在买房，因而手里的钱很紧张，后来又因为贷款出了点儿问题，导致她首付款突然出现了五万元的缺口。思来想去，张大妈决定向一直以来都相处得很好的刘大爷借钱。

张大妈买了些水果去刘大爷家，还没坐到沙发上，就开始说："我呀，这次来主要是想向你借几万元钱用。你不知道，我最近几天正在折腾买房的事情，不但把那点儿退休金都折腾进去了，还借了很多钱。现在银行也不知道是怎么了，明明我买房的时候还可以给我贷款七成的，但是突然改变了政策，变成六成了。所以我原本准备好的首付款，一下子就空缺了五万元钱。这样一来，我买房的手续就没法进行下去了。要是你有五万元钱，先借给我用下，这样我就能继续把手续办完了。不过你放心，我只用几个月，不会用很长时间的。年底我闺女、儿子回家，都会给我钱的，到时候我会第一时间把钱还给你……”张大妈滔滔不绝地说着，根本没有留意到刘大爷面露难色，几次欲言又止，却插不上话。

直到张大妈说完，刘大爷才说：“真是不巧，我儿子不是在上海嘛，上个月也刚刚买了房子。本来我们手里的确有十万元钱，但是上个月全都给儿子了。上海房价实在太贵，仅仅靠着他们那点儿死工资，根本攒不出首付款来，只能靠我们尽全力地帮助他们了。”

听完刘大爷的话，张大妈突然满脸通红。早知道刘大爷没钱，她还啰唆这么多话做什么呢？！不过，她却忘记了，她说起话来滔滔不绝，根本没给刘大爷解释的机会啊！

作为交流，就是要有来有往，有问有答，有我说的话也有你说的话，彼此相呼应，才是真正的交流。假如把交流变成一言堂或者独角戏，就不是真正的交流，也就无法达到预期的目的。很多时候，人们说话总是不注意观察他人的反应，而是一个人急急匆匆、不管不顾地说着，直到白费了半天力气说完之后，才发现对方对我们的话毫无反应，而且就是有回应也根本不是我们想要的结果。在这种情况下，我们如果能够适当停歇片刻，给对方一些时间思考和回应，那么我们自身也能得到机会整理思路，从而使谈话进行得更加顺利。

我们有时候并不想和一语不发的人相处，因为觉得彼此相对两无言实在是一件很沉闷的事情。但是，同样的道理，我们也不会想和一个啰唆、说起话来没完没了的人交谈，因为人与人之间的交往是建立在相互尊重的基础上的，我们唯有给对方留出足够的时间来思考和内化我们的话，我们对对方的信息传达才真正到位，我们也才能及时得到对方的信息反馈。这样一来，我

们与他人的交谈自然更加顺畅融洽，也能起到预期的效果。

遭遇冷场，找好话题才能自救

人与人之间交谈，相谈甚欢当然是最好的结果，彼此都会觉得轻松随意，也会谈得兴致盎然。但是如果遭遇冷场，相对两无言，彼此都会陷入尴尬的沉默中，那么就会很难堪。甚至有人觉得，与人交流时最尴尬的情况就是冷场，在这种情况下如果不赶紧找到合适的话题自救，就会显得非常尴尬。倘若只知道大眼瞪小眼，那么情况就会变得很难堪。

所谓救场如救火，在遭遇冷场的时候，找到好话题自救，不但是救了自己，也是救了别人。尤其是在人多的场合，一人救场，全场人都会觉得如释重负，毕竟谁也不想陷入尴尬之中无法自拔。当然，我们对于他人不可能做到了如指掌，大多数情况下，我们与他人的交谈必然会充满着各种突发和意外的状况。我们到底应该如何才能找到好话题来自救呢？毋庸置疑，一旦话题找错了，这场谈话也就彻底无法挽回了。只有找好话题，我们才能扭转局面，让陷入僵局的谈话再次变得顺畅起来。谈话绝不是挤牙膏，如果交谈变得如同挤牙膏一样艰难，那么一切都会变得很生涩。所以我们必须找到一个话题，改变冷场的局面，这样才能让一切都能更加顺遂如意。

很多事情都不应该事后补救，而应该防患于未然。为了避免交流中出现冷场的状况，我们应该在谈话之前就认真地选好合适的话题。例如，说些对方感兴趣的事情或者话题，从而有效地避免冷场。如果万一冷场不可避免，那么我们也应该在谈话过程中密切关注对方的表现，这样才能及时调整谈话

的思路，从而促使交谈能顺利地进行下去。总而言之，只要我们的话能够打动对方的心，且能够激起对方的谈话兴趣，那么我们就能与对方和谐相处，从而与对方建立良好的关系。这与顺畅的谈话是互为促进的。

李风华大学毕业后没有服从国家安排去当教书先生，而是独自背起行囊去了远方的大城市。外面的世界虽然很精彩，但是打拼的过程却是漫长而又充满艰辛的。李风华进入公司三年多，一直是个不起眼儿的小职员。直到他结束外语学习，才得到老板的赏识。这不，这次去纽约出差，老板还特意点名让他跟着一起去。

第一次和老板一起出差，李风华很紧张，他正襟危坐，一言不发。平日里，老板虽然也知道他不苟言笑，但是却不像在旅途中这么紧张。为此，他笑着问李风华："风华，你喜欢纽约吗？到时候处理完公务，咱们在纽约玩儿几天吧。"李风华点点头，说："好的，没问题。"随后老板又问："风华，你最喜欢纽约的什么地方？"李风华听到这个问题觉得很难堪，尴尬地说："这是我第一次出国，第一次去纽约。"说完，李风华就不知道该说些什么了。虽然他瞬间就想起了自己贫寒的家，想起自己艰难的求学历程，但是显然这些都无法和老板说。为此，他又陷入了沉默。但是他感觉到气氛有些异常，因而问老板："张总，您一定去过很多国家吧？您的生意做得这么大，咱们公司发展这么好，我觉得您似乎早就走遍了全世界。"李风华的这句话马上让老板感慨万千。老板开始讲起他的求学路，李风华这才知道原来老板的家境也很贫穷，只是通过自己的努力，才改变了命运。李风华感慨万千，也不由得说起了自己曾经的艰难求学路，老板感到也很惊讶："难怪我觉得你和其他年轻人不一样呢，原来你也是贫寒家庭出来的，正所谓穷人的孩子早当家啊！"接下来，李风华和老板相谈甚欢，很快就聊得不亦乐乎了。

李风华初次和老板出国，因而心情十分紧张，也根本不愿意和平日里严肃的老板多说话，以避免言多必失。然而，老板却不想在出差的过程中也和平日里一样刻板，因而故意和李风华搭讪，说些无关紧要、轻松的话。因为李风华过于拘谨，所以不知道如何回答老板的问题，令谈话出现冷场的局面。幸好李风华脑子转得很快，思维也灵活，因而马上想到能使老板感兴趣的话题，让老板变得兴致盎然，也让他们彼此的交谈更加和谐融洽。

现代职场人际关系非常复杂，所以人在职场很容易遇到冷场的状况。每当冷场时，在场的人都会觉得很尴尬，其实冷场只是因为话题不合适而已，如果话题合适，那么我们很容易就能调动起现场的气氛，让交流变得再次顺畅起来。

闲聊不要神经过敏，而要随意轻松

所谓的闲聊，和正式的交谈不同。正式的交谈是有计划、有目的的，因而要讲究策略和方法，从而才能让交谈进行下去。但是闲聊则不然，闲聊往往是随意的、漫无目的的，而且可以采取各种各样的方式，也可以说各种各样的话题。所以，闲聊时，我们要放松紧绷的心情，让自己变得更加轻松惬意，而避免把紧张的情绪传染给他人，从而导致交谈的氛围更加紧张。

假如说聊天也是要有情调的，那么聊天就是要轻松愉悦。聊天不同于开会，也不同于交谈那样有目的性和针对性，而是应漫无目的、天马行空、随意自然。否则，如果我们一边和人聊天，一边担心自己的哪句话会不会说错，是否会被他人抓住把柄，那的确太累了。

这个周末，妈妈准备带甜甜去游乐场玩。但是因为甜甜的作业还没有写完，所以妈妈给甜甜两个小时的时间，即从早晨8点到10点。眼看着都9点45分了，妈妈催促甜甜说：“甜甜，要抓紧时间写作业啊，马上就要10点了。”甜甜抬头看看钟，说：“妈妈你是个大骗子，没到10点啊！现在才9点45分，距离10点还有15分钟呢！”妈妈说：“我说的是快到10点了。”甜甜又说：“还有15分钟，怎么是快到10点了呢！难道9点30分也可以说成快到10点了吗？”妈妈显然有些不高兴，她批评甜甜说：“你不要再咬文嚼字了，还是抓紧时间写作业吧，10点钟准时出发，不管你说现在是几点。”甜甜还在嘀咕着说：“妈妈就是个大骗子，根本距离10点还早着呢！”

原本已经不说话的妈妈，这时候声音高了八度：“你这个孩子怎么这么较真儿呢？我再说一遍，我说的是快到10点了，根本不是已经10点了。你与其浪费时间，不如好好写作业，简直是个杠头！”当然，甜甜听到妈妈说自己是杠头也很不乐意。就这样，她们娘儿俩大吵了一架，为此耽误了出行。

对于小孩子而言，他们还不懂得模糊数学的概念，又因为其刚刚掌握一些新知识，因而凡事较真儿的情况很普遍。但是对于成人而言，如果还是这样事事较真儿，就很让人尴尬了。的确，生活中需要精确，但是生活中也同样需要模糊。有很多事情并不是非黑即白，也不是非对即错，唯有端正心态，把心态放平和，我们才能更好地与人交流，也才能与他人搞好关系，与快乐相随。

生活中，我们也许会缺少很多东西，但是唯独不缺较真儿。因为生活真的不需要较真儿，哪怕是坐在谈判桌上，我们也无须与他人针锋相对，更不能与他人锱铢必较。尤其是在职场上，我们也许和上司谈论重要的事情时不得不严肃认真，但是闲聊却不是向上司汇报工作，所以我们完全可以放松心态，这样我们的人生才能更加顺遂如意。

每个人的心里，都有不愿意他人涉足的地方

做人，当然要光明磊落，但是保留着自己的小秘密，和光明磊落并不相冲突。归根结底，每个人都有着自己的小秘密，那是不愿意告诉别人的话，也是不能触碰的心底的伤。因此在与他人交往时，尤其是在与他人轻松闲聊时，我们尤其要注意不要触碰到他人心底的伤，更不要无缘无故地打探别人的小秘密。否则别人一旦对我们起戒备心，那么一定不愿意与我们更好地继续交流。这样一来，他人就相当于向我们关闭了心门，我们要想再次与他人畅聊，也必然要加倍努力才能打消他人的戒备心。

人与人的交往，自然要建立在相互尊重的基础上。尊重他人体现在很多方面，其一就是对于他人不愿意被外人涉足的心理空间，应绝对禁足。偏偏有很多人都有偷窥欲，都想打探他人的隐私，都想知道他人不为人知的秘密。就像有些事情可以做，有些事情即使想做也不能做一样，在和他人交往时，很多话我们都可以说，但是有些话却绝对不能说，这就是尊重！

大学毕业后，子衿留在大城市工作，只有等到春节时，才有时间回到大山深处乡村里的家。乡村很偏僻，消息不灵通，人们的思想也很闭塞。在乡村里，男孩儿们往往十八九岁就已经结婚生子了，但是子衿大学毕业时就二十四岁了，如今的他已经三十岁了，却还是没有结婚生子，这对于村里人而言简直觉得他不可思议。眼看着从小和自己一起长大的小兄弟的孩子都上初中了，子衿却毫不着急。但是他的父母替他着急，他的邻居们也替他着急，他的七大姑八大姨也替他着急。

子衿才到家，父母就催促他结婚生子。走在乡村的羊肠小道上，所有认识他的人也都问他："子衿啊，怎么还不娶媳妇生娃娃呢？你看看你都多大了。子衿啊，你都要老啦，怎么就不着急呢？老婆孩子热炕头，多好！”一开始，大家说的时候，子衿总是微笑，人们说得多了，子衿不免觉得厌烦起来。渐渐地，子衿不愿意回家过春节了，偶尔回家后也总是离那些人远远的。

农村出来的孩子都知道，村里人有时候是很热心的。尤其是那些七大姑八大姨们，她们最爱瞎操心，也没有隐私的意识，总觉得只要自己愿意，就可以管全天下的事情。殊不知，大城市里生活的年轻人，不愿意让别人盯着自己的私事，更不愿意别人总是管着自己。

每个人都有好奇心，我们不能为了满足自己的好奇心，就不尊重他人，而是肆无忌惮地打听他人的隐私。实际上，有的时候事不关己高高挂起是很有必要的，总比问得太多、关心太多，招人厌烦来得好。如果真的迫不得已想要打探他人的隐私，不如当着他人的面旁敲侧击，这样他人就可以掌握主动权，令一切事情尽在自己的掌控之中。

参考文献

[1] 杨岳城.跟谁都能聊得来[M].北京：中国纺织出版社，2017.

[2] 新田龙.初次见面3分钟搞定人际关系[M].北京：测绘出版社，2012.

[3] 谭小芳.每天学点儿社交心理学策略[M].北京：中国纺织出版社,2013.